POLYGLOTT

Lissabon
zu Fuß entdecken

Gehen Sie zu Fuß auf Entdeckertour und erkunden Sie Ihre Lieblingsstadt mit all ihren Facetten und verborgenen Winkeln. Jede Tour führt Sie in eine andere Gegend, lässt Sie überraschende Eindrücke sammeln und Altbekanntes neu genießen.

Zeichenerklärung:
Wann

Sie sind viel im Freien unterwegs – am schönsten bei Sonnenschein

Überwiegend im Inneren – macht auch bei Regen Spaß

Am schönsten in der Abenddämmerung und danach

Dauer · Distanz

kurz Ein Spaziergang mit schönen und interessanten Orten zum Verweilen

mittel Mittellanger Fußweg und Sehenswürdigkeiten, die einen langen Aufenthalt lohnen

lang Langer Fußweg mit vielen Stationen, für die Sie sich viel Zeit nehmen sollten

Farbsystem:

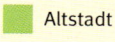

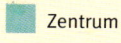

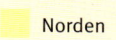

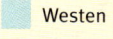

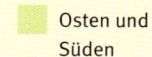

Altstadt

Zentrum

Norden

Westen

Osten und Süden

Herausragende Sehenswürdigkeiten sind mit * gekennzeichnet. Die Touren leiten von einer Station des öffentlichen Nahverkehrs (Ⓜ Metro, Ⓗ Straßenbahnen und Busse) zu einer anderen, Parkplatzsuche überflüssig.

Wann	Dauer	Tour	Stadtviertel	Seite
🌙	mittel	1	**Alfama** Mittelalterliche Gassen, Treppen und Plätze	8
🌧️	mittel	2	**Um die Kathedrale** Eine Kirche auf jeden Meter: das katholische Lissabon	12
☀️	mittel	3	**Der Burghügel** Die Burg: ältestes Gebäude und Wiege der Stadt	16
🌙	mittel	4	**Mouraria** Multikulturelles Viertel am Fuß der Burg	20
☀️	mittel	5	**Baixa** Im Schachbrettmuster: die geschäftige Unterstadt	24
🌧️	mittel	6	**Baixa-Chiado** Historische Läden im beliebtesten Einkaufsviertel	28
🌧️	kurz	7	**Rund um den Rossio** Kaffee- und Likörkultur am wichtigsten Stadtplatz	32
☀️	mittel	8	**Santana** Der unbekannte siebte Hügel Lissabons	36
🌙	mittel	9	**Graça** Klassisches Arbeiterviertel mit herrlichen Ausblicken	40
☀️	kurz	10	**Santa Engrácia** Nationale Gedenkstätten in einstigen Kirchen	44

Wann	Dauer	Tour	Stadtviertel	Seite
☀	lang	11	**Chiado**	48
			Theater- und Kunststätten mit intellektuellem Flair	
☾	mittel	12	**Bairro Alto**	52
			Clubs und Kneipen im Lissabonner Ausgehviertel	
☾	kurz	13	**Bica und Santa Catarina**	56
			Sonnenuntergang mit kulinarischem Tagesabschluss	
☀	mittel	14	**Madragoa und Estrela**	60
			Durch das ehemalige Sklavenviertel zum Parlament	
☀	mittel	15	**Cais do Sodré und Santos**	64
			Nagelneue Hafenfront und ein umgestaltetes Kloster	
⛈	lang	16	**Lapa**	68
			Botschaften, Hotels und Kunst in noblen Stadtpalästen	
☀	mittel	17	**Am Rande des Bairro Alto**	72
			Mit dem Elevador da Glória zu grünen Gartenoasen	
☀	mittel	18	**Amoreiras und Campolide**	76
			Der Weg des Wassers: Aqueduto das Águas Livres	
☀	lang	19	**Avenida und Parque**	80
			Avenida da Liberdade und Parque Eduardo VII.	
⛈	lang	20	**Gulbenkian-Stiftung**	84
			Klassische und moderne Kunst in zwei Top-Museen	

Wann	Dauer	Tour	Stadtviertel	Seite
☀	lang	21	**Benfica**	88
			Wohnen am Zoo und in der Nähe des Estádio da Luz	
☀	mittel	22	**Avenidas Novas**	92
			Gründerzeithäuser an breiten Chausseen	
☀	mittel	23	**Campo Grande**	96
			Der Universitätscampus und das Estádio de Alvalade	
☀	mittel	24	**Campo de Ourique**	100
			Junges Wohnviertel mit benachbarter Friedhofsstadt	
☾	mittel	25	**Alcântara**	104
			Ein Trammuseum und hippe Kneipen in den Docks	
☀	mittel	26	**Belém – Entdecker**	108
			Denkmäler für die goldene Zeit der Seefahrt	
🌧	lang	27	**Belém – Museen**	112
			Dampfkessel, barocke Kutschen und moderne Kunst	
☀	mittel	28	**Ajuda**	116
			Heute öffentlich: der königliche Palast und Garten	
🌧	lang	29	**EXPO-Gelände**	120
			Zeitsprung in die Zukunft: Parque das Nações	
☀	lang	30	**Cacilhas**	124
			Traumblicke von der anderen Tejo-Seite	

Unsere besten city-Tipps:

Hotels   Seite 128
Bairro Alto Hotel • Casa de Hóspedes Lavra Guest House • Inspira Santa Marta • Lapa Palace • Lisbon Lounge Hostel • Lissabon-Altstadt-Ferienwohnungen • Mundial • Myriad • Pensão Praça da Figueira • York House

Restaurants   Seite 132
1640 • Alcântara Café • Amo.te Tejo • Cantinho do Aziz • Cantinho da Vila • Casa do Alentejo • Cervejaria Ribadouro • Coelho da Rocha • Eleven • Estufa Real • Lost In • Pateo 13 • Ponto Final • Tagide • Toma-lá-dá-cá

Shopping   Seite 138
A Arte da Terra • Arte Periférica • Armazéns do Chiado • A Vida Portuguesa • Bertrand • Brio Supermercado Biológico • Centro Comercial Colombo • Chapelarias Azevedo • Conserveira de Lisboa • El Corte Inglés • Erva Loira • Espaço Docas • Filípe Faisca • Lisbon Shop/Patio Galé • LX Market • Mercado Biológico

Nightlife   Seite 144
Chapitô • Clube Ferroviario • Dragão de Alfama • Enoteca Chafariz do Vinho • Havana • Lux-Frágil • Maria Caxuxa • Musicbox Lisboa • Ondajazz • Urban Beach

Innenstadt Lissabon — Umschlag vorne

Übersicht Lissabon — Umschlag hinten

Alle Touren auf einen Blick — Seite 2

Veranstaltungskalender — Seite 148
city Tipps von A bis Z — Seite 150

Unterwegs in Lissabon — Seite 152
Anreise per Flugzeug • Metro • Busse und Straßenbahnen • Standseilbahnen und Aufzüge • CP • Fähren • Stadtrundfahrten • Taxis • Fahrräder

Register — Seite 154

Preiskategorien im Überblick:

Hotel (DZ inkl. Frühstück):
- ○○○ ab 200 €
- ○○ 70 bis 200 €
- ○ um 60 €

Restaurant (Menü):
- ○○○ ab 30 €
- ○○ bis 30 €
- ○ 15 bis 20 €

Tour **1**

Alfama: mittelalterliche Gassen und Treppen

mittel

Casa dos Bicos → Arco de Jesús → Igreja São Miguel → Pateo 13 → Igreja Santo Estêvão → Mosteiro São Vicente

Das Gassenlabyrinth der Alfama ist eine der wenigen Ecken des alten Lissabonner Stadtkerns, die das verheerende Erdbeben 1755 fast unbeschadet überstanden hat. Einst von den Mauren al-Hama, heiße Quellen, genannt, verzaubern die charmanten Plätze und die verwinkelten Gassen heute jeden Besucher – bei Tag wie bei Nacht.

Start: Ⓜ Terreiro do Paço, blaue Linie
Ziel: 🚏 Calçada São Vicente, Straßenbahn E28
Wann: abends sehr stimmungsvoll, Mitte Juni Stadtfest

Kein Stadtplan vermag es, die vielen kleinen Gässchen und Treppchen der Alfama abzubilden, und so lassen sich viele Besucher einfach durch das mittelalterliche Stadtviertel treiben. Zu Zeiten der maurischen Besetzung war die Alfama das Stadtzentrum Lissabons, erst nach und nach dehnte sich die Siedlung nach Westen aus. Die Angehörigen höherer sozialer Schichten zogen es vor, in lichtere Stadtviertel zu ziehen, zurück blieben die ärmeren Fischer. Heute bewohnen auch wieder Wohlhabendere die renovierten Häuser, viele Gebäude warten aber noch auf ihre Rettung und Instandsetzung. Abends erklingen aus vielen Restaurants und Kneipen Fadogesänge. Seit 2011 gehört der typische portugiesische Schick-

Der Alfama-Hügel

salsgesang, der im 18. Jh. in den verruchten Kneipen der traditionellen Armenviertel Lissabons entstand, zum UNESCO-Weltkulturerbe.

Von der Metrostation Terreiro do Paço sind es nur wenige Schritte bis zur nach dem einstigen Zollgebäude benannten Rua da Alfândega mit der **Casa dos Bicos** ❶. Das Haus der Spitzen war einst ein privater Adelspalast und ist heute das einzige nicht sakrale Gebäude Lissabons, das aus der Zeit der Frührenaissance Anfang des 16. Jh. erhalten geblieben ist. Es beherbergt die Stiftung des Literatur-Nobelpreisträgers von 1998, José Samarago. Direkt nebenan bietet die **Casa das Varandas** aus dem 18. Jh. ein hübsches Fotomotiv. Auf dem Platz vor dem »Balkonhaus« wurden früher Obst und Gemüse – auch aus den Kolonien – gehandelt, deshalb heißt er bis heute Campo das Cebolas, Zwiebelfeld.

Casa dos Bicos

Durch das kleine Torhaus **Arco de Jesús** ❷ geht es nun hinein in die Alfama. Auf der linken Seite befindet sich mit dem **Ondajazz** (s. Nightlife S. 147) einer der angesagten Jazzclubs der Stadt. In der Rua de São João da Praça locken Fadolokale wie der edle **Clube de Fado** (Nr. 94) allabendlich Besucher an. Tagsüber kann man in der Straße in historischen Lebensmittel- und Weinläden portugiesische Spezialitäten einkaufen.

An der **Igreja de São Miguel** ❸ und ihrem belebten Kirchplatz vorbei verläuft die Rua de São Miguel, eine Art Hauptgasse der Alfama. Bei einem Abstecher die Rua da Regueira links hinauf stößt man am Largo do Peneireiro 7 auf das urige Fadolokal **Fado Maior** ❹. Freitag- und samstagabends erklingt hier Fado, dazu gibt es typische Speisen in familiärer Atmosphäre, auch die Wirtin Dona Julieta singt mit. Am unteren Ende der Rua da Regueira befindet sich auf einem lauschigen Platz das Open-Air-Restaurant **Pateo 13** ❺ (s. Restaurants S. 136), das den Sommer über seine Gäste mit gegrillten Sardinen und anderen Grillspezialitäten begeistert. Während der Lissabonner Stadtfeste rund um den Antoniustag Mitte Juni füllen sich in der Alfama übrigens alle Gassen mit Sardinengrills und Holztheken. An ein Durchkommen ist dann kaum zu denken.

Über die Calçadinha de Santo Estêvão gelangt man auf die Rua dos Remédios. Nach so vielen Gässchen erscheint diese Straße mit Autoverkehr fast unromantisch, also sollte man gleich wieder links in die Escadinhas de Santo Estêvão abbiegen. Die Treppen führen hinauf zur **Igreja de Santo Estêvão** ❻ aus dem 18. Jh. In der Rua Guillerme Braga zieht das traditionelle Fadolokal **Dragão da Alfama** ❼ (Nr. 8) am Wochenende vor allem einheimische Fadofans an. Über die Treppen der Rua do Loureiro vorbei an der familiären Tasca do Alfredo geht es in die Rua das Escolas Gerais und dann rechts ab. Hier tuckert seit 1901 die nostalgische **Straßenbahn E28** den Berg hinauf – einspurig, denn in diesem Teilstück ist die Fahrt Millimeterarbeit. Nach einer Kurve erscheinen plötzlich die stolzen Türme der Klosterkirche des **Mosteiro de São Vicente de Fora** ❽ (s. S. 46), die bei Nacht in warmem Scheinwerferlicht erstrahlen.

Die Straßenbahn E28

São Vicente de Fora

Touren im Anschluss: 9, 10

mittel

Tour **2**

Um die Kathedrale: das katholische Lissabon

Igreja da Conceição Velha → Igreja da Madalena → Igreja de Santo António → Kathedrale (Sé) → Museu Teatro Romano → Ombú → Igreja de Santa Luzia

Fast 90 Prozent der Bevölkerung Portugals sind katholisch. Und im Zentrum Lissabons scheint es so, als gäbe es auf jeden Meter eine Kirche. Auf dem Weg hinauf zur Kathedrale trifft das auch zu – und so beginnt ein spannender Spaziergang in die nicht immer nur katholische Kirchengeschichte der Stadt.

Start: Ⓜ Terreiro do Paço, blaue Linie
Ziel: 🄷 Miradouro Santa Luzia, Straßenbahn E28
Wann: tagsüber, Igreja da Conceição Velha im August geschl.

Wo heute das manuelinische Portal der **Igreja da Conceição Velha** ❶ aus der pombalinischen Häuserwand hervorsticht, befand sich einst die größte jüdische Synagoge Lissabons. Im Zuge der beginnenden Judenverfolgung Ende des 15. Jh. wurde das jüdische Gotteshaus abgerissen und an gleicher Stelle eine opulente katholische Kirche errichtet, von der nach dem Erdbeben 1755 wenig mehr als die prachtvoll verzierte Fassade übrig blieb. Beim Wiederaufbau wurde die Kirche stark verändert, der heutige Eingang war früher das südliche Seitenportal des Querschiffes. Ein paar Schritte weiter erfreut das portugiesisch-japanische Teehaus **Castella do Paulo** (Rua da Alfândega 120, ○) seine Besucher mit selbstgemachten Törtchen.

Die Rua da Madalena führt hinauf zur ursprünglich im 12. Jh. errichteten **Igreja da Madalena** ❷, die mehrmals durch Feuer und Erdbeben zerstört und anschließend wieder aufgebaut wurde. In der heute klassizistischen Fassade ist das manuelinische Portal von vor 1755 ebenfalls erhalten.

Nur eine Ecke weiter erheben sich schon die nächsten Kirchen. Die barocke **Igreja de Santo António** ❸ wurde nach und nach über der Stelle gebaut, an der der Heilige Antonius 1195 zur Welt kam. Der Franziskanermönch starb am 13. Juni 1231 in Padua und ist der populärste Heilige Lissabons. Er gilt als Schutzpatron der Armen, der Kinder und der Liebenden.

Igreja de Santo António

Als der erste portugiesische König Afonso Henriques 1147 Lissabon von den Mauren zurückeroberte, ließ er die große Moschee abreißen und an gleicher Stelle eine **Kathedrale** ❹ errichten. Das monumentale Bauwerk im Stil einer romanischen Wehrkirche heißt im Portugiesischen Sé, nach dem lateinischen Begriff *sedes* für Bischofssitz. Im Taufbecken links neben dem Eingang soll 1195 der Heilige Antonius getauft worden sein. Beeindruckend ist der romanisch-gotische Kreuzgang, in dem Archäologen Siedlungsspuren der Phönizier, der Römer und Reste der Moschee freigelegt haben (tgl. 9–19 Uhr; Kreuzgang Mo–Sa 10–18, Sommer bis 19 Uhr, 2,50 €).

Kathedrale (Sé)

Neben der Kathedrale befindet sich der **Aljube**, der bischöfliche Kerker, der während der Salazar-Diktatur zum berüchtigten Gefängnis der Geheimpolizei PIDE wurde. Hier saßen Oppositionelle wie der spätere sozialistische Staatspräsident Mario Soáres oder der Dichter Miguel Torga ein.

Am Ende des Treppenaufgangs beherbergt das **Museu do Teatro Romano** ❺ die Ausgrabungsstätte des römischen Theaters von Lissabon. Anfang des 1. Jh. v. Chr. angelegt, wurde das Theater bis ins 4. Jh. bespielt. Die Tribüne fasste um die 4000 Zuschauer (Di–So 10–13, 14–18 Uhr, Eintritt frei). Im Gewölbekeller des Museums befindet sich das geschmackvolle Kunsthandwerksgeschäft **A Arte da Terra** (tgl. 11–20 Uhr, s. Shopping S. 138). Auch im weiteren Verlauf der Rua de Augusto Rosa gibt es zahlreiche Souvenirläden und Antiquariate.

Eine Einkehrpause bietet sich im brasilianischen Bistro **Cantinho da Vila** (s. Restaurants S. 134) an. Begleitet von brasilianischer Musik (Do–So 16–19 Uhr) lässt es sich hier hervorragend speisen, außerdem mixt Marco die beste Caipirinha der Stadt. Schräg gegenüber begeistert die knorrige Wurzel eines gewaltigen **Ombú** ❻ die Fotografen. Der Ombubaum stammt ursprünglich aus der südamerikanischen Pampa.

Miradouro de Santa Luzia

Umrahmt von üppigen violetten Bougainvilleen befindet sich am Miradouro de Santa Luzia die **Igreja de Santa Luzia** ❼. Sie wurde im 12. Jh. vom Malteserorden erstmals erbaut, das heutige Gebäude stammt aus dem 18. Jh. Eine Besonderheit ist das Azulejo-Bild an der Außenwand: Es zeigt den Königsplatz Terreiro do Paço vor dem Erdbeben von 1755.

Touren im Anschluss: 1, 3, 4

Tour 3

Der Burghügel: die Wiege Lissabons

mittel

Igreja de Santiago → Largo do Contador Mor → Castelo de São Jorge → Núcleo Arqueológico → Palácio Belmonte → Miradouro das Portas do Sol

Unübersehbar thront die mittelalterliche Stadtburg, das Castelo de São Jorge, über den Dächern Lissabons. Hier auf dem Burghügel wurde Lissabon vor über 3000 Jahren gegründet. Die zinnenbekrönte Festung diente jahrhundertelang den Herrschern als Wohnsitz. Heute belohnt der Aufstieg mit einmaligen Aussichten.

Start: Miradouro Santa Luzia, Straßenbahn E28
Ziel: Largo Portas do Sol, Straßenbahn E28
Wann: tagsüber oder am frühen Abend

Phönizier gründeten vor rund 3000 Jahren auf der mächtigen Erhebung am Tejo-Delta den Ort Olisipo. Später besiedelten Griechen, Römer, Westgoten und Araber den Hügel, bevor ihn Dom Afonso Henriques, der erste portugiesische König, im 12. Jh. eroberte. Der Weg hinauf zur Burg führt an der kleinen **Igreja de Santiago** ❶ aus dem 18. Jh. vorbei zum begrünten **Largo do Contador Mor** ❷, dem Platz der höheren Buchhalter, an dem ein besonders schöner azulejoverzierter Stadtpalast zu bewundern ist. Hier beginnt eine Treppengasse hinauf zum **Burgtor** ❸ mit der Kasse

Wehrmauer des Castelo de São Jorge

für das Burggelände (März–Okt. 9–21, sonst bis 18 Uhr, 7,50 €). Hinter dem Burgeingang erreicht man den **Waffenplatz ❹** – von hier lässt sich im Schatten der Bäume die Aussicht auf die Stadt besonders genießen. Vorbei am Restaurant **Casa do Leão** (tgl. 12.30–15.30, 20–22.30 Uhr, ❍❍❍), dessen Name vom mittelalterlichen Löwenzwinger an dieser Stelle zeugt, geht es zum **Castelo de São Jorge ❺**, dem ältesten Bau der Stadt und meistbesuchten Monument Portugals. Über steile Treppen lassen sich die Burgmauern und Türmchen erklimmen. Im Mittelalter war die königliche Wohnburg über den römischen und maurischen Befestigungsmauern errichtet worden, während der Salazar-Diktatur wurde ein Großteil der Anlage nachgebaut, sodass man sich gut in die Epoche der großen Herrscher zurückversetzen kann. Eine Besonderheit bietet der Turm Torre de Ulisses: Ein Periskop ermöglicht mithilfe von Linsen und Spiegeln einen 360°-Blick auf die Stadt. Ebenfalls auf dem Burggelände befindet sich die Ausgrabungsstätte **Núcleo Arqueológico ❻**. Auf 2600 m² wurden Häuserreste aus dem 7.–3. Jh. v. Chr., Mauern aus der maurischen Zeit und Ruinen eines mittelalterlichen Palastes freigelegt.

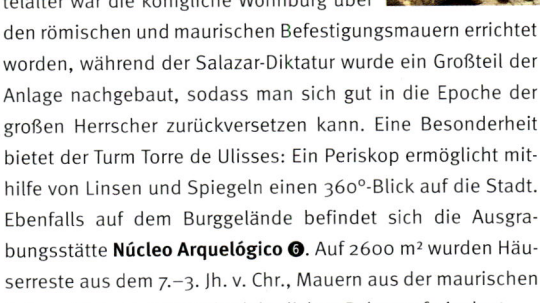

Blick vom Castelo

Wieder zurück am Burgeingang lohnt es sich, durch das **Stadtviertel Castelo** zu schlendern. Etwa 400, meist ältere Menschen leben in Lissabons kleinster Gemeinde innerhalb der Befestigungsmauern. Seit umfangreichen Sanierungsarbeiten Ende der 1990er-Jahre ist die Moderne in die Häuser eingezogen, sie verfügen jetzt alle über fließendes Wasser. An die guten alten Zeiten erinnern aber Vogelkäfige und liebevoll gestaltete Blumenkästen, die z.B. in der Rua do Espírito Santo an den Häusern hängen. Am Largo Santa Cruz do Castelo hat die junge Designerin Marta das kreative Lädchen **Erva Loira** ❼ (Nr. 3, tgl. 11–14, 14.30–18 Uhr, s. Shopping S. 142) eröffnet. Im winzigen Weinlokal **Instinctus** (Rua de Santa Cruz do Castelo 35, tgl. 10–20 Uhr, ○○) gibt es neben edlen Tropfen auch typische Fischkonserven und kleine Snacks. Traditionelle portugiesische Küche, am Wochenende mit Fadobegleitung, bietet das Restaurant **Caminho da Roda** (Rua do Recolhimento 13, tgl. 10–20, im Sommer bis 24 Uhr, ○○).

Außerhalb der Festungsmauern befindet sich hinter einem roten Holztor, direkt neben einem historischen Urinol, einer öffentlichen Männertoilette, der **Palácio Belmonte** ❽. Der Adelspalast aus dem 15. Jh. wurde zu einem luxuriösen Hotel umgestaltet. Das dazugehörige Café mit schickem Ambiente in Schwarz-Weiß serviert Getränke und Speisen, untermalt von sanfter Pianomusik (tgl. 11–19 Uhr, im Winter Mo und Di Ruhetag, ○○○).

Geht man über das Gelände des Hotels weiter, gelangt man zum **Patio de Dom Fradique.** Der Platz mit Ruinen und freistehenden Häuserwänden steht in starkem Kontrast zum edlen Palast. Durch die Gasse Beco de Maldonado erreicht man den Aussichtspunkt **Miradouro das Portas do Sol** ❾. Der Name leitet sich von dem zur Sonne, also nach Osten gewandten Stadttor ab, das sich einst an dieser Stelle befand. Der Blick auf das Kloster São Vicente und über den Alfama-Hügel bis zum Tejo ist einmalig.

Mir. das Portas do Sol

Touren im Anschluss: 1, 2, 4

Tour 4

Mouraria: Kultur pur am Fuß der Burg

mittel

Largo Martim Moniz → Centro Comercial da Mouraria → Palácio da Rosa → Balneário Público → Largo dos Trigueiros → Igreja de São Cristovão → Chapitô

Nach der Rückeroberung Lissabons von den Mauren Mitte des 12. Jh. verbannte der erste christliche König, Dom Afonso Henriques, die besiegten Muslime in das Maurenghetto am Rande der mittelalterlichen Stadt. Heute ist das Viertel, in dem Treppen und Gässchen einen morbiden Charme versprühen, multikulturell.

Start: Ⓜ Martim Moniz, grüne Linie
Ziel: 🅷 Miradouro Santa Luzia, Straßenbahn E28
Wann: am frühen Abend, vor allem im Sommer

In der Mouraria

»Ai Mouraria«, eines der bekanntesten Fadolieder, ist eine Hommage an das ehemalige Maurenghetto. »Aimouraria« heißt auch der städtische Sanierungsplan, dank dem in der einstigen No-Go-Area heute Gässchen für Gässchen neu gepflastert wird. Inzwischen kann man am Abend wieder durch die Mouraria schlendern.

Am Largo Martim Moniz ließ Diktator Salazar zwischen 1940 und 1960 bis auf die kleine barocke Kapelle **Ermida de Nossa Senhora da Saúde** ❶ aus dem Jahr 1505 alle historischen Gebäude abreißen. Lange Zeit verwaist, bringt das multikulturelle Markt- und Gastronomiekonzept »Mercado de Fusão«

wieder Leben auf den Platz (Restaurantstände tgl. 10–22, Wochenende bis 24 Uhr).

Hinter dem Einkaufszentrum **Centro Comercial da Mouraria** ❷ aus den 1980er-Jahren mit chinesischen, indischen und afrikanischen Geschäften geht es in die **Rua do Capelão.** In dem Sträßchen befand sich einst eine prachtvolle Moschee, doch König Manuel I. verbot 1496 alle nicht-christlichen Religionen und ließ Mauren und Juden zwangstaufen. Die Mouraria wurde schon immer von gesellschaftlichen Randgruppen bewohnt: von entlassenen Sklaven, Tagelöhnern, Zuhältern und Prostituierten. Die stadtbekannte Prostituierte und legendäre Fadosängerin Maria Severa lebte von 1820 bis 1846 in der Rua do Capelão. Heute ist der Platz vor ihrem Haus nach ihr benannt und das **Mosaik einer Gitarre** im Straßenpflaster erinnert an ihre Erfolge. Im Haus Nr. 32 ist das schummrige Fadolokal **Os amigos da Severa** ❸ untergebracht, das für seinen Kirschlikör berühmt ist.

Os amigos da Severa

Über den hübschen kleinen Platz Beco do Jasmin führt der Weg zur Treppengasse Rua João Outeiro. Am **Haus Nr. 52** ❹ weist eine Tafel darauf hin, dass hier 1926 die Fadista Argentina Santos geboren wurde. Oben angelangt, biegt man rechts in die Rua Marquês de Ponte de Lima ein, auf der wieder Autos fahren. Am oberen Ende der Straße befanden sich die letzten Häuser des maurischen Ghettos. Der untere Teil der Straße mündet auf den frisch restaurierten Platz Largo da Rosa, der von dem rosafarbenen **Palácio da Rosa** ❺ aus dem 18. Jh. beherrscht wird. Die heute nicht mehr genutzte Kirche Igreja de São Lourenço soll im Zuge der Viertelsaufwertung ein Raum für Kulturveranstaltungen werden. Vorbei an dem **Balneário Público ❻**, der öffentlichen Waschstelle, geht es über die Calçada de São Lourenço hinunter auf die Rua de São Lourenço. Im Haus Nr. 5 serviert das kleine Restaurant **Cantinho do Aziz** (s. Restaurants S. 133) leckere afrikanische und indische Küche.

Die Hauswände am **Largo dos Trigueiros ❼** und in der anschließenden Gasse Beco das Farinhas sind mit Schwarz-Weiß-Fotografien der Bewohner geschmückt, die täglich durch das Viertel streifen – eine selbstgemachte Hommage an die Originale der Mouraria. In der Rua das Farinhas 1 befindet sich das gemütliche Ecklokal **Cantinha Baldracca** (〇). Einige Meter weiter erscheint die **Igreja de São Cristovão ❽** aus dem 13. Jh. mit einer weißen manieristischen Fassade aus dem 17. Jh. und vergoldetem Inneren. Über die Calçada Marquês de Tancos erreicht man die Costa do Castelo, die im Halbkreis um die Burg verläuft. Von der Esplanade des Parkhauses Chão do Loureiro aus hat man einen herrlichen Blick über Lissabon.

Die Kulturinitiative Chapitô

Die Kulturinitiative **Chapitô ❾** (Nr. 1/7, tgl. 19.30–2 Uhr, s. Nightlife S. 144) überrascht hinter einem unscheinbaren Eingang mit einem lauschigen Innenhof und einem herrlichen Stadtblick. Sie ist mehr als eine Zirkusschule – insbesondere an Wochenenden gibt es Livekonzerte, Theateraufführungen und Zirkusshows sowie im Restaurant Restô leckeres Essen.

Touren im Anschluss: 1, 2, 3

mittel

Tour 5

Baixa: die geschäftige Unterstadt

Praça do Comércio → Câmara Municipal → Museu do Design e da Moda → *Núcleo Archeológico da Rua dos Correeiros → Elevador de Santa Justa → Praça da Figueira

Nach dem Erdbeben von 1755 lag die Lissabonner Unterstadt – einst ein Gassengewirr wie die Alfama – in Schutt und Asche. Der damalige Minister Marqués de Pombal ließ sie in symmetrischen Straßenzügen wieder aufbauen und schuf so die Voraussetzung für das geschäftige Treiben in der Baixa Pombalina von heute.

Start:	Ⓜ Terreiro do Paço, blaue Linie
Ziel:	Ⓜ Rossio, grüne Linie
Wann:	tagsüber (Mo Museum geschl.)

Die Baixa (port. die Niedrige) ist die Lissabonner Downtown. Nach Ladenschluss leert sich das Banken- und Geschäftsviertel, denn viele der Wohnungen in den Obergeschossen der

Praça do Comércio

Gebäude aus dem 18. Jh. sind nicht bewohnt und warten auf eine Renovierung. Die **Praça do Comércio** ❶, der Handelsplatz, wird im Volksmund noch immer Terreiro do Paço, Palastplatz, genannt, denn an dieser Stelle stand bis 1755 das Königsschloss. Seit dem Wiederaufbau umrahmen klassizistische Arkadenhäuser den riesigen Platz am Tejo. Sie beherbergen verschiedene Ministerien, aber auch Straßencafés, Restaurants und den Weinsaal **Vini Portugal**. Hier lädt die portugiesische Winzervereinigung zur Weinprobe ein (Di–Sa 11–19 Uhr). Das Denkmal in der Mitte des Platzes zeigt König José I. auf einem Pferd thronend – er war es, der durch das Erdbeben seinen Palast verlor. Er schaut hinunter zum Fluss, wo man auf den Treppen des **Cais das Colunas,** des Säulenkais, sitzend den Straßenmusikanten lauschen kann. Auf der gegenüberliegenden Seite markiert ein **Triumphbogen** seit 1873 den Zugang zur Rua Augusta.

In der Rua do Arsenal 15 bietet der **Lisbon Shop** (tgl. 9.30 bis 19.30 Uhr, s. Shopping S. 143) geschmackvolle Souvenirs und fungiert gleichzeitig als **Lisbon Welcome Center.** Gegenüber befindet sich die **Câmara Municipal** ❷ (So 11 Uhr, Eintritt frei), das zwischen 1865 und 1880 erbaute Rathaus. In der prächtigen Eingangshalle des klassizistischen Repräsentationsgebäudes dominiert das mit Kronleuchtern geschmückte Treppenhaus aus feinstem Marmor, das zu einem prunkvollen Festsaal führt.

In der Hauptstraße der Baixa und wichtigsten Einkaufsstraße Lissabons, der Rua Augusta, befinden sich neben zahlreichen Geschäften auch zwei interessante Museen. Das **Museu do Design e da Moda** ❸ (Nr. 24, Di–So 10–18 Uhr, Eintritt frei), auch MUDE genannt (port. Verändern Sie sich!), begeistert in den einstigen Schalterräumen einer Bank nicht nur wegen der Ausstellung von Designermöbeln und Haute-Couture-Kleidern

Im MUDE

der letzten Jahrzehnte, sondern vor allem wegen der innovativen und originellen Nutzung der ehemaligen Banktresen.

Ebenfalls in eine Bank integriert ist die archäologische Ausgrabungsstätte *****Núcleo Archeológico da Rua dos Correeiros ❹ (Banco Millenium bcp, Nr. 21, Mo–Sa, Führungen von 10–17 Uhr jeweils zur vollen Stunde, Do nur 15, 16, 17 Uhr, Do und Sa Eingang Rua dos Correeiros 21). Beim Versuch, eine Tiefgarage zu bauen, wurden hier Anfang der 1990er-Jahre phönizische Siedlungsreste und römische Tanks zum Einsalzen von Fisch sowie Amphoren gefunden. Auch ein mittelalterliches Skelett kann bei dem Rundgang durch die Lissabonner Unterwelt bestaunt werden.

In der Rua da Vitória steht vor der barocken **Igreja de São Nicolau** ❺ aus dem 18. Jh., die in den letzten Jahren umfassend restauriert wurde, ein Denkmal für die Calceteiros, die Pflastersteinverleger von Lissabon. Zwei Querstraßen weiter nördlich verbindet der **Elevador de Santa Justa** ❻ die Unterstadt mit dem Chiado. Der Aufzug wurde 1902 von Raoul Mesnier du Ponsard, einem Schüler Gustave Eiffels, erbaut. Von seiner Aussichtsplattform bietet sich ein umwerfender Blick über die Stadt und den Fluss.

Elevador de Santa Justa

Eine schmackhafte Stärkung gibt es an der Theke oder den Straßentischen der **Casa Brasileira** (Nr. 267, Mo–Sa 7–1, So 8–1 Uhr) auf der Rua Augusta: Von süßem oder salzigem Gebäck bis hin zu Tagesgerichten und Natursäften ist alles zu haben. Auf der **Praça da Figueira** ❼ befand sich bis zu ihrem Abriss 1949 die zentrale Lissabonner Markthalle. Heute beherrscht ein Reiterstandbild von König João I. den auch bei Skatern beliebten Platz.

Touren im Anschluss: 6, 7, 8

mittel

Tour 6

Auf Shoppingtour durch Baixa-Chiado

Rua Garrett → Armazéns do Chiado → Rua do Carmo → Confeitaria Nacional → Pollux → Rua Augusta → Espaço Açores → Conserveira de Lisboa

All die modernen Shoppingcenter in den Vororten konnten dem traditionellen Einkaufsviertel Baixa und den altehrwürdigen Geschäften des Chiados nichts anhaben: Hier kaufen die Lissabonner einfach am liebsten ein – und es gibt noch immer die ein oder andere nostalgische Kuriosität.

Start: Ⓜ Baixa-Chiado, blaue und grüne Linie
Ziel: Ⓜ Terreiro do Paço, blaue Linie
Wann: tagsüber, während der Ladenöffnungszeiten, auch bei Regen möglich

Das Café **A Brasileira** am Largo do Chiado ist der perfekte Treffpunkt für einen Einkaufsbummel. Schnell noch einen Espresso und auf geht's! Die elegante **Rua Garrett ❶** ist die Hauptstraße des Chiado und bietet moderne und traditionelle Geschäfte. Der Aussteuerladen **Paris em Lisboa** (Nr. 77) gehört zu den letzteren: Die dunklen Holzregale, prall gefüllt mit hochwertigen Handtüchern und edler Bettwäsche, stammen noch aus den Zeiten der Monarchie. Auch die Buchhandlung **Bertrand** (Nr. 73–75, s. Shopping S. 140) ist eine Institution. Seit 1773 gehen hier Bücher über die alte Holztheke. In der Seitenstraße

Im Café A Brasileira

28

Rua Anchieta herrscht ebenfalls Nostalgie pur! **A Vida Portuguesa** (Nr. 11, s. Shopping S. 139) verkauft Produkte portugiesischer Traditionsmarken: Seifen, Olivenöl, Keramik und Spielzeug. Moderne Kleidung und Schuhe findet die Lissabonnerin von heute bei **Gardenia** (Rua Garrett Nr. 54).

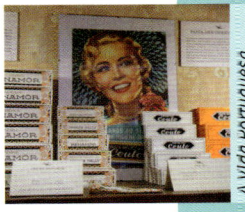
A Vida Portuguesa

Am östlichen Ende der Rua Garrett erhebt sich das Einkaufszentrum **Armazéns do Chiado** ❷ (s. Shopping S. 139), in dem neben Modegeschäften und Restaurants auch ein gut sortierter Buch- und CD-Laden sowie ein Sportartikelgeschäft untergebracht sind. Das einst mondäne Kaufhaus aus dem späten 19. Jh. fiel 1988 zusammen mit 17 weiteren Gebäuden einem verheerenden Großfeuer zum Opfer, unter dem Stararchitekten Álvaro Siza Viera wurde der Häuserkomplex wieder aufgebaut. Heute erstrahlt die **Rua do Carmo** ❸ in neuem Glanz. Vor dem Haus Nr. 9 bilden sich bei schönem Wetter vor der angesagtesten Eisdiele der Stadt lange Schlangen: **Santini** stellt Speiseeis nach italienischen Rezepten her. Im Haus Nr. 87 verkauft **Ana Salazar,** die berühmteste Modedesignerin Portugals, überwiegend dezente Kreationen für die Dame. Direkt nebenan befindet sich hinter einem klassizistischen Eingang Lissabons kleinstes Geschäft **Luvaria Ulisses** (Nr. 87A). Hier werden seit 1925 handgefertigte Handschuhe, meist aus Ziegenleder, verkauft, natürlich nach ausführlicher Beratung und Anprobe.

Luvaria Ulisses

An der Südseite des Rossio bezaubert der Juwelier **Ferreira Marques** (Praça D. Pedro IV 7–9) nicht nur mit seinen glitzernden Uhren und Klunkern, sondern auch mit seiner hübschen Art-déco-Fassade. Noch älter ist die **Confeitaria Nacional** ❹ (Nr. 18BC) an der Praça da Figueira: Die 1829 gegründete Konditorei ist eine der ältesten Portugals und befindet sich noch immer in Familienbesitz. Großflächige Spiegel und ausladende Vitrinen dekorieren das zweistöckige Café. Der kleine Supermarkt **Mercado da Figueira** (Nr. 10B) erinnert mit seinem Namen an den einstigen Zentralmarkt, der sich auf diesem Platz befand.

Das größte Kaufhaus für Einrichtungsgegenstände und Haushaltswaren in Lissabon ist das **Pollux** ❺ in der Rua dos Fanqueiros 276. Auf acht Stockwerken lässt sich einfach alles finden. Die schlichte Cafeteria im 9. Stock bietet zudem noch eine herrliche Aussicht auf die Baixa.

Die **Rua Augusta** ❻ ist die Haupteinkaufsstraße und Fußgängerzone der Baixa. Zahlreiche Ketten haben sich hier niedergelassen, es gibt aber auch noch ein paar Unikate: **Nunes Corrêa** (Nr. 250) ist seit 1856 einer der hochwertigsten Herrenausstatter. Bei **Truz** (Nr. 172) gibt es ausgefallene junge Mode, eindeutig brasilianisch inspiriert.

Der **Espaço Açores** ❼ (Rua São Julião 58) bietet Spezialitäten frisch von den Azoren, darunter Käse, Ananas, Wein und Likör. Oft gibt es leckere Verköstigungen. Nicht versäumen sollte man einen Besuch der **Conserveira de Lisboa** ❽ (s. Shopping S. 141): Seit 1930 werden hier die typischen portugiesischen Fischkonserven verkauft – optimale Mitbringsel!

Conserveira Lisboa

Touren im Anschluss: 1, 2, 5, 7, 8

kurz

Tour **7**

Kaffee- und Likörkultur rund um den Rossio

Statue von Dom Pedro IV. → **Teatro Dona Maria II.** → **Igreja de São Domingos** → **Pastelaria Suiça** → **Arco da Bandeira** → **Café Nicola** → **Estação do Rossio**

Das quirlige Treiben auf dem wichtigsten Platz Lissabons, dem Rossio, lässt sich am besten von einem der traditionsreichen Kaffeehäuser aus beobachten. Hier schlägt das Herz der Stadt! Und um es den Lissabonnern gleichzutun: Ein Schlückchen Kirschlikör gehört zum Rossio dazu.

Start: Ⓜ Rossio, grüne Linie
Ziel: Ⓜ Restauradores, blaue Linie
Wann: tagsüber

Kunstvoll verlegte Pflastersteine setzen sich zu einem schwarz-weißen Wellenmosaik zusammen und schmücken den Rossio vor allem aus der Vogelperspektive. Die Mitte des Platzes ziert die **Statue von Dom Pedro IV.** ❶, dem eigentlichen Namensgeber der Praça Dom Pedro IV. Das Standbild wurde 1870 zu Ehren des Königs aufgestellt. Der ältere Name des Platzes, Rossio, hat sich bis heute im Volksmund durchgesetzt.

Auf dem Rossio

An der Stirnseite des Rossio dominiert die neoklassizistische Fassade des **Teatro Nacional Dona Maria II.** ❷. Das Haus wurde 1846 als erstes portugiesischsprachiges Theater der Stadt zu Ehren von Königin Maria II. eröffnet. Von dem ursprünglichen

Gebäude ist wegen eines Brandes im Jahr 1964 nur noch das festliche Foyer erhalten, das restliche Theater wurde modernisiert wiederaufgebaut. Bei Führungen können neben der Haupt- und der Studiobühne auch die Garderoben und die Requisite besichtigt werden (Mo 11.30 Uhr, auch Engl., 6 €).

Die **Igreja de São Domingos** ❸ gehörte einst zu einem prachtvollen Dominikanerkloster. Eine Gedenktafel erinnert an die Inquisitionsurteile, die die Mönche im 16. Jh. hier vollstreckten. Die von Gläubigen viel besuchte Kirche wurde nach einem Brand 1959 sehr beeindruckend umgestaltet: Die verbrannten Säulen blieben erhalten, ein sanfter Rotton färbt die Wände. Direkt gegenüber lockt der älteste Kirschlikörausschank **A Ginginha** (Largo São Domingos 8, tgl. 9–22 Uhr) seit 1840 Gäste an, die sich den Tag mit einem Schluck Ginginha – mit oder ohne Sauerkirschen – versüßen möchten. Der Likör wird auch flaschenweise verkauft – ein schönes Lissabon-Andenken für zu Hause.

In A Ginginha

Eine Institution am Rossio sind die Kaffeehäuser: Zu ihnen zählt die 1923 nach Wiener Vorbild eröffnete **Pastelaria Suiça** ❹ (Nr. 96, tgl. 7–21 Uhr). An einer endlos langen Theke kann das passende Gebäck wie *Pasteis de nata* (Sahnetörtchen) oder *Bolo de mel e noz* (Nusskuchen) zur *bica* (Espresso) oder zum *galão* (Milchkaffee) ausgewählt werden. Besonders lecker schmecken die Kekse aus eigener Herstellung.

An der Südseite des Platzes befindet sich eines der ältesten Geschäfte des Rossio: Seit 1840 verkauft **A Tendinha** (Nr. 6, Mo–Sa 7–21 Uhr) Wein und Likör, heute gibt es zusätzlich Kaffee und Gebäck im kleinen gekachelten Stehcafé. Direkt nebenan bildet der **Arco da Bandeira** ❺ den Eingangsbogen in die Rua dos Sapateiros, die Straße der Schuhmacher. In der Baixa erinnern viele Straßennamen an die einst hier angesiedelten Berufsgruppen. Rechter Hand am Ende des Bogens verbirgt sich hinter einer floral dekorierten Jugendstilfassade das erste Kino Lissabons aus dem Jahr 1907. Heute ist eine Peepshow in dem ehrwürdigen Gebäude untergebracht.

Tabacaria Mónaco

An der Westseite des Rossio lohnt ein Blick in die winzige **Tabacaria Mónaco** (Nr. 21) aus dem Jahr 1894. Die Froschkacheln des Tabakladens stammen von dem bekannten Lissabonner Künstler Bordalo Pinheiro (1846–1905). Das **Café Nicola** ❻ (Nr. 25, Mo–Fr 8–22, Sa 9–22, So 10–19 Uhr, ○○) wurde bereits 1787 zum ersten Mal eröffnet und ist somit das älteste Traditionscafé des Rossio. Heute erstrahlt es im Inneren im eleganten Art-déco-Stil, die Fassade stammt von 1935. Von den Straßentischen aus lässt sich das Treiben auf dem Rossio hervorragend beobachten. Es gibt übrigens nicht nur Kaffee: Vor allem das Steak Bife à Nicola hat sich einen Namen gemacht.

Café Nicola

Der einstige Lissabonner Hauptbahnhof, **Estação do Rossio** ❼, wurde 1887 im neomanuelinischen Stil erbaut. Die kunstvoll verzierte Fassade, die lichte Eisenkonstruktion im Gleisbereich und die großzügige Eingangshalle erinnern an glanzvolle Zeiten. Heute wird der Bahnhof nur noch von Pendlern der Linha de Sintra, einer Vorortbahn, benutzt.

Touren im Anschluss: 8, 17, 19

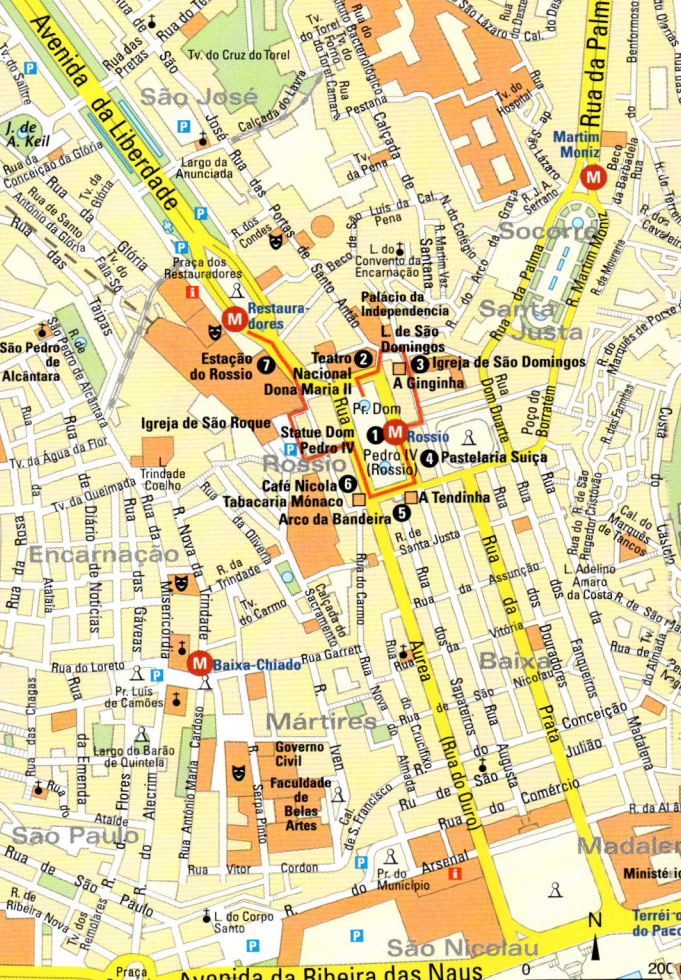

Tour 8

Santana: der unbekannte siebte Hügel

mittel

Largo de São Domingos → Igreja da Pena → Hospital de São José → Goethe-Institut → Jardim do Torel → Ascensor do Lavra → Coliseu dos Recreios

Verwinkelte Gassen und steile Treppen führen auf den Santana-Hügel. Von vielen wird er links liegen gelassen, dabei hat er viel mehr zu bieten als nur das Stadtkrankenhaus. Er ist ein Wohnviertel der kleinen Leute, aber mit einer großartigen Aussicht auf das Barrio Alto vom Jardim do Torel.

Start: Ⓜ Rossio, grüne Linie
Ziel: Ⓜ Restauradores, blaue Linie
Wann: tagsüber

Am **Largo de São Domingos** ❶ beginnt der Aufstieg auf den nach einem ehemaligen Kloster auf der Anhöhe benannten Santana-Hügel. Am unteren Ende der Calçada do Garcia treffen sich häufig Schwarzafrikaner, da sich die Pfarrer der Igreja de São Domingos um sie kümmern. An der südlichen Flanke des Hügels breitet sich eine charmant-ärmliche Wohngegend aus, hier leben vor allem alte Menschen und Ausländer. Die Gassen sind eng, die Wohnungen winzig und bei den meisten Häusern wäre es Zeit für eine Renovierung. Es gibt noch Tante-Emma-Läden und günstige und gute Restaurants.

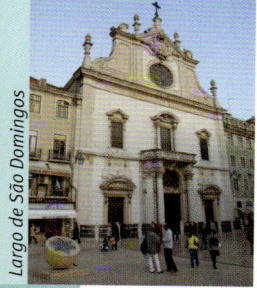
Largo de São Domingos

Die **Igreja da Pena** ❷ wurde 1705 geweiht und ist die Pfarrkirche des Viertels. Hinter der unscheinbaren Fassade verbirgt sich ein reich mit *talha dourada,* vergoldetem Schnitzwerk, verzierter barocker Innenraum.

Einen Großteil des Santana-Hügels nimmt das **Hospital de São José** ❸ ein, das sich seit Mitte des 18. Jh. an dieser Stelle befindet, aber häufig erweitert und umgebaut wurde. Das klassizistische Hauptgebäude der **Faculdade de Ciências Médicas** ❹ stammt aus dem Jahr 1906. Nachdem die Universitätsklinik in den 1950er-Jahren in das Hospital Santa Maria verlegt worden war (s. S. 97), zog 1977 die medizinische Fakultät der Universidade Nova in die ehemaligen Klinikräume ein. Gegenüber der Fakultät steht die **Statue des Arztes Sousa Martins** ❺ (1843–1897), der sich selbstlos der Heilung von Tuberkulosekranken widmete, bis er mit nur 54 Jahren selbst an der Infektionskrankheit starb. Unzählige Steintafeln, Kerzen und Blumensträuße säumen den Sockel des Volksheiligen, noch heute erbitten die Lissabonner bei ihm Hilfe für die Heilung ihrer Leiden.

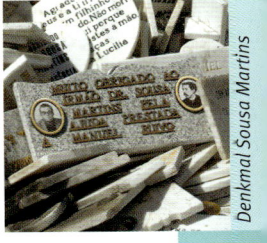

Denkmal Sousa Martins

An dem begrünten Platz mit Teichen, Parkbänken und Spielplätzen Campo dos Mártires da Pátria befinden sich die deutsche Botschaft und das **Goethe-Institut** ❻ (Nr. 37). In der Bibliothek des Instituts gibt es neben deutsch- und portugiesischsprachigen Büchern eine große Auswahl an aktuellen Tageszeitungen und Zeitschriften. Im Go@the Café (Mo–Fr 9–21, Sa 9–17 Uhr) kann man sogar deutsches Bier trinken und Currywurst essen, im Gartencafé stehen die Tische unter einem uralten Drachenbaum. Es finden häufig kulturelle Veranstaltungen wie Lesungen, klassische Konzerte, Filmvorführungen oder Ausstellungen statt.

Oben auf der Santana-Anhöhe reiht sich eine herrschaftliche Villa an die nächste. In eines dieser Anwesen ist z.B. in der Rua Júlio de Andrade Nr. 3 das Centro Galego de Lisboa, ein galizisches Jugend- und Kulturzentrum, eingezogen. Nach Süden schließt sich der kleine Park **Jardim do Torel** ❼ an. Auf bequemen Liegebänken kann man die Aussicht auf das gegenüberliegende Bairro Alto, den botanischen Garten und hinunter auf die Avenida da Liberdade genießen.

Der **Ascensor do Lavra** ❽ ist der älteste Aufzug Lissabons: Seit 1884 zieht er sich die steile Calçada do Lavra hinauf und hinunter. Wer statt zu fahren läuft, sieht vor allem im oberen Teil der Straße kunstvolle Graffiti. In der Restaurantmeile Rua das Portas de Santo Antão befindet sich das **Coliseu dos Recreios** ❾ (Nr. 94–98). In dem ehemaligen Zirkusbau aus dem 19. Jh. finden vor allem Rockkonzerte statt. Das gegenüberliegende klassizistisch eingerichtete **Teatro Politeama** (Nr. 109) bietet hochwertige Variétés und Musicals. Ein wahres Kleinod verbirgt sich hinter der Nr. 58: Die **Casa do Alentejo** ist mehr als nur das Kulturzentrum der Provinz Alentejo. Der ehemalige Palast des Grafen von Alverca aus dem 18. Jh. überrascht mit einem neomaurischen Innenhof, eleganten Sälen im Obergeschoss inklusive eines alentejanischen Restaurants (s. Restaurants S. 134) und einer gemütlichen Weinbar im Gewölbekeller.

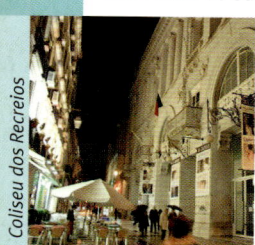

Touren im Anschluss: 5, 6, 7, 17, 19

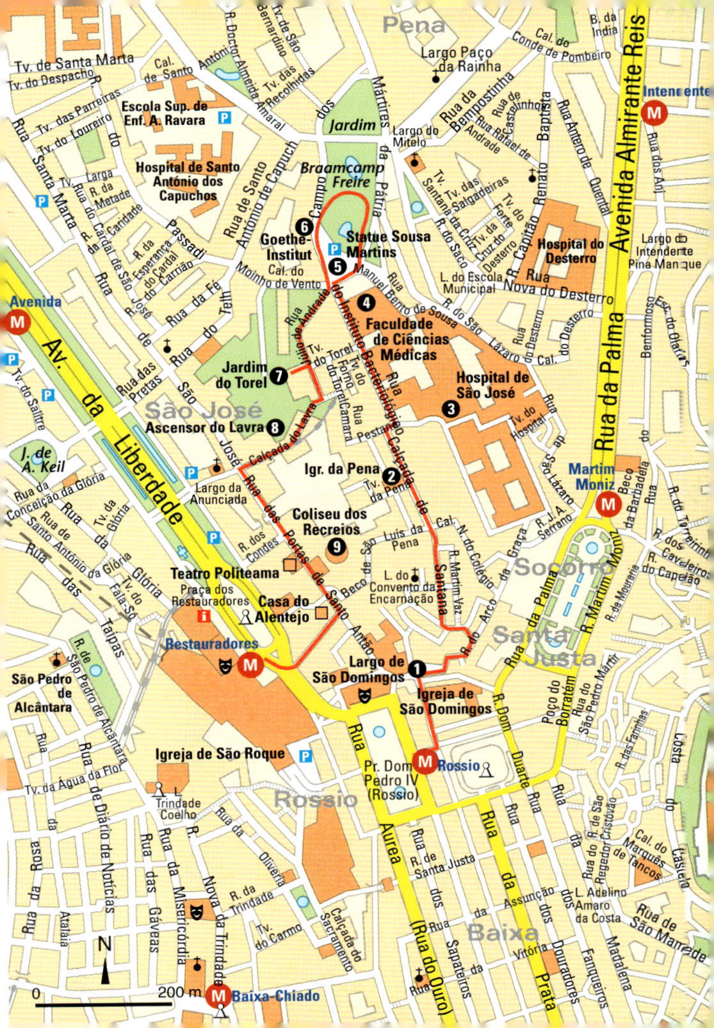
Pena
Largo Paço da Rainha
Jardim Braamcamp Freire
Statue Sousa Martins
Goethe-Institut
Escola Sup. de Enf. A. Ravara
Hospital de Santo António dos Capuchos
Faculdade de Ciências Médicas
Hospital de São José
Hospital do Desterro
Jardim do Torel
Ascensor do Lavra
São José
Igr. da Pena
Coliseu dos Recreios
Teatro Politeama
Praça dos Restauradores
Casa do Alentejo
Largo de São Domingos
Igreja de São Domingos
Igreja de São Roque
Pr. Dom Pedro IV (Rossio)
Rossio
Socorro
Santa Justa
Baixa
São Pedro de Alcântara
Trindade Coelho
L. Adelino Amaro da Costa
Largo do Intendente Pina Manique
Av. da Liberdade
Avenida Almirante Reis
Rua da Palma
Rua Áurea (Rua do Ouro)
Rua da Prata
Rua dos Sapateiros
Rua dos Douradores
Rua dos Fanqueiros
Rua das Portas de Santo Antão
Calçada de Santana
Calçada do Lavra
Rua de Santo António dos Capuchos
Campo dos Mártires da Pátria
Rua Manuel Bento de Sousa
Rua do Instituto Bacteriológico
Rua Nova do Desterro
Rua Martim Moniz
Rua da Misericórdia
Rua Nova da Trindade
Rua do Diário de Notícias
Rua de São Pedro de Alcântara
Largo da Anunciada
J. de A. Keil
Avenida
Restauradores
Martim Moniz
Intendente
Baixa-Chiado
Rossio
N
0
200 m

Tour 9

Graça: Arbeitersiedlung mit Ausblick

mittel

A Voz do Operário → Vila Sousa → Miradouro da Graça → Vila Berta → *Miradouro de Nossa Senhora do Monte → Bairro Estrela d'Ouro → Royal Cine

Graça ist das klassische Arbeiterviertel Lissabons. Wo sich einst große Landgüter von geistlichen Orden und Aristokraten befanden, hausten mit zunehmender industrieller Entwicklung im 18. Jh. die ersten Fabrikarbeiter in halb verfallenen Palästen und Klöstern. Während des 19. Jh. ließen Fabrikbesitzer hier Vilas Operárias, betriebseigene Arbeitersiedlungen, bauen.

Start: 🚋 Calçada São Vicente, Straßenbahn E28
Ziel: 🚋 Sapadores, Straßenbahn E28
Wann: tagsüber oder am frühen Abend

Der traditionsreiche Arbeiterverein **A Voz do Operário** ❶ (Nr. 13, dt. Die Stimme des Arbeiters) residiert seit 1931 in einer Jugendstilvilla des Architekten Norte Júnior in der gleichnamigen Straße. Der Verein ging 1883 aus einer Tabakarbeitergewerkschaft hervor. In dem Gebäude mit Wohlfahrtseinrichtungen befinden sich eine Schule für über 500 Kinder, eine Ausbildungswerkstatt für Arbeitslose und eine Bibliothek. Am Wochenende finden häufig kulturelle Veranstaltungen statt, und wer günstig zu Mittag essen möchte, besucht einfach in die Kantine.

Die **Vila Sousa** ❷, ein Wohnhof mit türkisblau gekachelter Fassade, wurde 1890 erbaut. Während im Vordergebäude in großbürgerlichen Wohnungen wohlhabende Familien lebten, waren in den Hinterhofwohnungen die einfachen Arbeiter untergebracht. Im kleinen Literaturcafé **O Botequim** (Nr. 79, ○) fanden in den 1970er- und 1980er-Jahren viele Intellektuellentreffen statt.

Die **Igreja da Graça** ❸ (Di-Fr 9.30-12.30, 15-17, Sa-So bis 20 Uhr) gehörte einst zum Augustinerkloster, das schon im 13. Jh. hier entstand, aber seitdem mehrmals umgestaltet wurde. Das Kloster wird heute vom portugiesischen Militär genutzt. Direkt neben der Kirche befindet sich der **Miradouro da Graça** ❹ mit einem beliebten Café (tgl. 11-2 Uhr) unter freiem Himmel. Auch wenn der Wind manchmal ziemlich über die Terrasse pfeift, sind dank der grandiosen Aussicht bis spät am Abend die Tische besetzt.

Über den Hauptplatz des Viertels, den Largo da Graça, geht es in die idyllische Arbeitersiedlung **Vila Berta** ❺. Die kleinen charmanten Reihenhäuser wurden Anfang des 20. Jh. für die Arbeiter einer Metallfabrik gebaut. Der Fabrikbesitzer bewohnte die Villa am Anfang der Straße, so hatte er immer alles im Blick.

Es sind noch ein paar Höhenmeter bis zum ***Miradouro de Nossa Senhora do Monte** ❻, Lissabons höchstem Aussichtspunkt, doch das phänomenale Panorama entschädigt für alle Aufstiegsstrapazen. Im Schatten alter Kiefern kann man stundenlang sitzen und sich an der Stadt zu seinen Füßen erfreuen. Blau-weiße Fliesentafeln zeigen an, welche Monumente zu sehen sind. Die kleine Kapelle **Ermida de São Gens**, die 1243 dem ersten Bischof Lissabons auf der Anhöhe geweiht wurde, wartet noch mit einer kleinen Kuriosität auf: Der ehemalige Bischofstuhl soll Schwangeren die Gnade einer leichten Geburt erwirken, schon so manche portugiesische Königin hat sich deshalb zum Beten auf die Cadeira de São Gens gesetzt. Die Küsterin sperrt die Holztür rechts vom Eingang gegen eine kleine Spende gerne auf.

Auf dem Weg zurück zur Rua da Graça liegt das **Café do Monte** (Rua de São Gens 1, Di–So 11–24 Uhr, ○), ein kreatives Intellektuellencafé. Direkt gegenüber beginnt das Arbeiterviertel **Bairro Estrela d'Ouro** ❼, das einst von 120 Arbeiterfamilien einer Süßwarenfabrik bewohnt wurde. Die Siedlung mit den hübschen zweistöckigen Häusern, deren gusseiserne Außentreppen häufig mit Sternen verziert sind, entstand 1907 nach den Plänen des Architekten Norte Júnior.

In der **Rua da Graça** ist tagsüber reger Betrieb: Metzger und Bäcker, Schuhmacher und Schneider, alle sind hier noch mit ihren kleinen Betrieben und Läden vertreten. Die Cafédichte ist sehr hoch und die Tische sind immer gut besetzt. In das ehemalige Kino **Royal Cine** ❽ (Nr. 100–106) aus dem Jahr 1929 ist inzwischen eine Filiale der Supermarktkette Pingo Doce eingezogen, doch die Jugendstilfassade und die hübsche Vorhalle blieben erhalten.

Das ehemalige Kino Royal Cine

Touren im Anschluss: 10, 22

Map: Graça / Anjos district, Lisbon

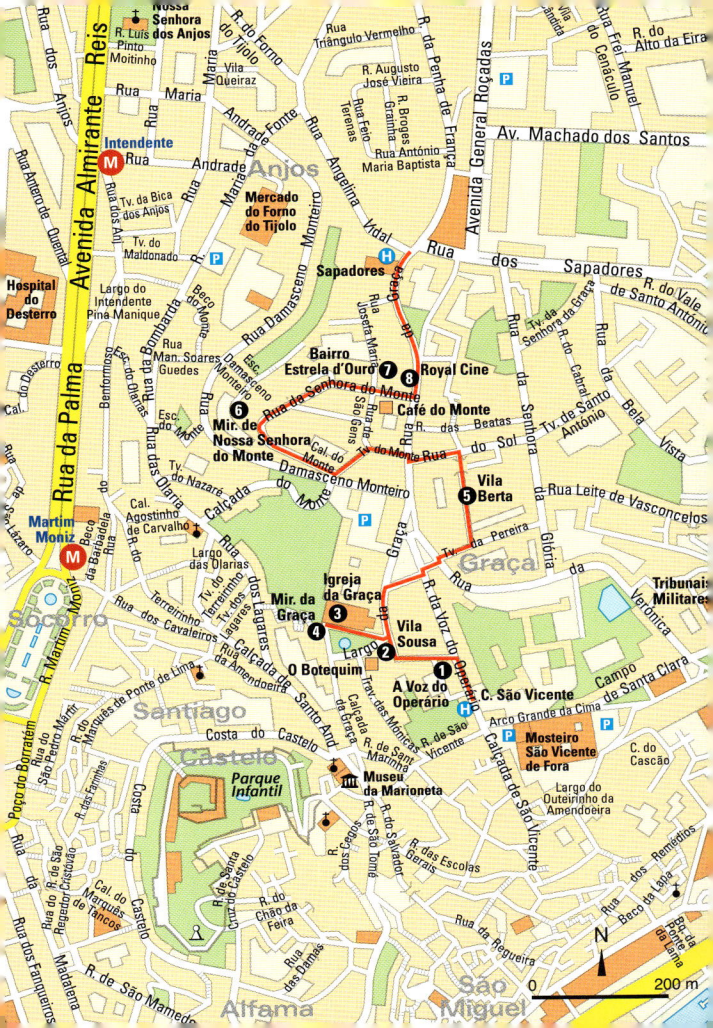

Metro stations:
- Intendente
- Martim Moniz

Neighbourhoods / areas:
- Anjos
- Graça
- Santiago
- Castelo
- Alfama
- São Miguel
- Socorro

Numbered points of interest:
1. A Voz do Operário
2. Vila Sousa
3. Igreja da Graça
4. Mir. da Graça
5. Vila Berta
6. Mir. de Nossa Senhora do Monte
7. Bairro Estrela d'Ouro
8. Royal Cine

Other labelled places:
- Nossa Senhora dos Anjos
- Hospital do Desterro
- Mercado do Forno do Tijolo
- Sapadores
- Café do Monte
- O Botequim
- C. São Vicente
- Mosteiro São Vicente de Fora
- Museu da Marioneta
- Parque Infantil
- Tribunais Militares
- Largo do Intendente Pina Manique
- Largo das Olarias
- Largo dos Cavaleiros
- Largo da Graça
- Arco Grande da Cima
- Largo do Outeirinho da Amendoeira

Selected streets:
- Avenida Almirante Reis
- Avenida General Roçadas
- Av. Machado dos Santos
- Rua da Palma
- Rua Maria
- Rua Andrade
- Rua Angelina Vidal
- Rua Maria Pia
- Rua da Penha de França
- Rua António Maria Baptista
- Rua dos Sapadores
- R. do Vale de Santo António
- Rua Damasceno Monteiro
- Rua da Senhora do Monte
- Rua das Beatas
- Tv. de Santo António
- Rua Leite de Vasconcelos
- Rua da Graça
- Rua da Voz do Operário
- Calçada de Santo André
- Calçada do Monte
- Calçada de São Vicente
- Rua de São Tomé
- Rua do Salvador
- Campo de Santa Clara
- Rua de Santa Marinha

N ↑ 0 — 200 m

Tour 10

Santa Engrácia: Klöster und Kanonen

kurz

Estação Santa Apolónia → Museu Militar → Panteão Nacional → Campo de Santa Clara/Feira da Ladra → *Igreja de São Vicente de Fora

Der Osten der Alfama hat einiges zu bieten: einen Bahnhof auf einem ehemaligen Klostergelände, das Nationalpantheon in einer Kirche und die skurrile Feira da Ladra, Lissabons berühmtesten Flohmarkt. Ein fantastischer Blick auf das Ganze eröffnet sich vom Dach der Klosterkirche São Vicente de Fora.

Start: Ⓜ Santa Apolónia, blaue Linie
Ziel: Ⓗ Calçada São Vicente, Straßenbahn E28
Wann: während des Flohmarkts Di oder Sa

Im östlichen Teil der Alfama entstand Mitte des 19. Jh. auf dem Gelände eines ehemaligen gleichnamigen Frauenklosters am Tejo-Ufer die **Estação Santa Apolónia ❶**, der älteste Bahnhof Lissabons. Heute starten von dem Kopfbahnhof Fern- und Regionalzüge, – aber auch für Nichtreisende lohnt es, einen Blick in die elegante marmorne Eingangshalle zu werfen.

Das **Museu Militar ❷** (Largo do Museu da Artilharia, Di–So 10–17 Uhr, 3 €) befindet sich im einstigen Waffendepot aus dem 18. Jh. Auch wer sich nur wenig für Ritterrüstungen, Uniformen, Kanonen und Gewehre interessiert, sollte dem Militär-

Bahnhof Santa Apolónia

museum einen Besuch abstatten: Der Innenhof ist mit besonders schönen barocken Azulejos ausgekleidet und in den 34 Sälen sind Gemälde und Skulpturen bedeutender portugiesischer Künstler des 18., 19. und 20. Jh. ausgestellt.

Das heutige **Panteão Nacional** ❸ (Di–So 10–17 Uhr, 3 €) sollte eigentlich eine barocke Kirche werden: Die Bauzeit der Igreja de Santa Engrácia begann 1682, die Kuppel wurde jedoch erst knapp 300 Jahre später aufgesetzt, als man die Kirche schon gar nicht mehr benötigte. Die Portugiesen nennen deswegen Bauprojekte, die um einiges länger dauern als geplant: »Arbeiten von Santa Engrácia«. Man entschied sich 1916, das Gebäude als Nationalpantheon zu nutzen: Neben mehreren Staatspräsidenten wurden auch der romantische Schriftsteller Almeida Garrett und 1999 die große Fadosängerin Amália Rodrigues, bisher die einzige Frau, im Pantheon beigesetzt. Rund um die prächtige Kuppel gibt es eine Aussichtsplattform mit einem wunderbaren Stadtpanorama.

Im Jahr 1877 erhielt der Stadtteil Santa Engrácia auf dem **Campo de Santa Clara** ❹ die erste gusseiserne Markthalle Lissabons. Rund um dieses Schmuckstück findet samstags und dienstags von 8 bis 17 Uhr die **Feira da Ladra**, der Flohmarkt der Diebin, statt. Die privaten Kleinhändler breiten ihre oft ausgefallenen Waren im unteren Teil des Platzes auf Decken aus, im oberen Bereich gibt es hauptsächlich professionelle Verkaufsstände. Mit etwas Glück kann man bei einem Händler sogar sein gestohlenes Autoradio wiederfinden.

Das historische Marktgebäude wird von dem Verein **Centro das Artes Culinárias** für wechselnde Ausstellungen zu portugiesischen Lebensmitteln genutzt, in der Showküche finden auch Kochkurse statt. In die Seitengeschäfte der Markthalle sind Möbelantiquariate, junge portugiesische Schmuckdesigner und Keramiker eingezogen. Den Campo de Santa Clara säumen rundherum herrschaftliche Gebäude, an seiner Nordseite steht der Lavradiopalast (18. Jh.), in dem sich das Militärgericht (Tribunais Militares) befindet.

Wo sich heute die von überall sichtbare, weiß strahlende Klosterkirche ***Igreja de São Vicente de Fora** ❺ erhebt, hatte schon der erste portugiesische König Afonso Henriques im 12. Jh. ein Augustinerkloster und eine Wehrkirche erbauen lassen. Ende des 16. Jh. war das Gotteshaus so baufällig, dass der damals auch Portugal regierende spanische König Felipe II. es abreißen und die heutige neue prachtvolle Kirche im Renaissancestil errichten ließ. Im angrenzenden Kloster sind insbesondere die schier unendlichen Azulejo-Paneele, unter anderem mit Motiven aus den Fabeln von La Fontaine, und die Familiengruft der letzten portugiesischen Könige der Dynastie Bragança sehenswert (Di–So 10–18 Uhr, 4 €). Das Dach der Kirche kann bestiegen werden und bietet einen einzigartigen Blick auf die Alfama, das Castelo und den Fluss. Im **Café Monasterium** (Di–So 10–18 Uhr, ○) im Klosterhof kann man sich unter Orangenbäumen Kaffee und Kuchen oder auch einen leckeren Mittagssnack schmecken lassen.

Igreja São Vicente

Tour im Anschluss: 9

Graça
Santa Apolónia
Santa Engrácia
São Miguel
Museu da Água da Epal
Tribunais Militares
Centro das Artes Culinárias
Calçada São Vicente
Jardim Boto Machado
Panteão Nacional
Igreja de São Vicente de Fora
Café Monasterium
Museu da Marioneta
Estação Santa Apolónia
Santa Apolónia
Museu Militar
Largo do Museu de Artilharia
Largo do Outeirinho da Amendoeira
São João da Praça
Alfândega
Jardim do Tobaco
Avenida Infante Dom Henrique
Doca do Terreiro do Trigo
Doca da Marinha
Campo de Santa Clara
Rua Leite de Vasconcel
Rua da Senhora da Glória
Rua da Graça
Rua do Sol
Rua do Vale de Santo António
R. Afonso Domingues
Calçada dos Barbadinhos
Rua Washington
Rua de Santa Engrácia
R. Cruz de Santa Apol
Caminhos de Ferro
R. da Bica do Sapato
Calçada de São Vicente
R. da Voz do Operário
Arco Grande da Cima
Rua da Regueira
R. do Jardim do Tabaco
R. do Limoeiro
R. do Cais de Santarém
Rua de São João da Praça
Calçada de Trijolo
R. das Escolas Gerais
Rua Teixeira Lope
N
0
200 m

Tour 11

Chiado: auf den Spuren der Künstler

lang

Igreja de São Roque → Cervejaria Trindade → Teatro da Trindade → Convento do Carmo → Teatro Nacional São Carlos → *Museu do Chiado

Im Chiado schlägt das kulturelle Herz der Stadt: Das Viertel begeistert die Boheme mit seinen Theatern, traditionsreichen Cafés und Antiquariaten, der Kunsthochschule und dem Museu do Chiado. Dass der vornehme Stadtteil, der einst von Ordensgemeinschaften belebt wurde, seinen Charme und seine kreative Aura behalten hat, ist der gelungenen Restaurierung nach dem Großbrand in einem der Kaufhäuser 1988 zu verdanken.

Start: Ⓜ Rossio, blaue Linie
Ziel: Ⓗ Largo das Belas Artes, Straßenbahn E28
Wann: tagsüber, Mo Museen geschl.

Vom Rossio führt die von Straßencafés flankierte Treppe Calçada do Duque hinauf zur barocken Jesuitenkirche **Igreja de São Roque ❶**, deren Grundstein bereits 1566 gelegt wurde. Die Außenfassade ist dem jesuitischen Baustil entsprechend streng und schlicht gehalten, doch im Inneren werden Sie staunen: Achtung, Goldschock! Besonders prunkvoll gestaltet ist die Kapelle vorne links vom Altar, die Johannes dem Täufer geweiht ist (Capela de São João Baptista). Das **Museum für sakrale Kunst** im ehemaligen Armen- und Findelhaus zeigt

Igr. de São Roque

weitere Goldschätze, aber auch Gemälde und Heiligenfiguren (Museu de Arte Sacra, Di–So 10–18, Do 14–21 Uhr, 2,50 €).

Im ehemaligen Dreifaltigkeitskloster ist seit 1836 das altehrwürdige Restaurant **Cervejaria Trindade** ❷ (Rua Nova da Trindade 20, ○○) untergebracht. Die Gewölbe sind mit historischen Azulejos geschmückt, und auch im vom Kreuzgang gesäumten Innenhof kann man sich Meeresfrüchtespezialitäten schmecken lassen. Schräg gegenüber befindet sich das tiefrot gestrichene **Teatro da Trindade** ❸ (Largo da Trindade 7). Es besteht seit 1865 und ist eines der aktivsten Theater der Stadt.

Cervejaria Trindade

Auf dem Largo do Carmo stehen riesige Jacaranda-Bäume, die im Frühsommer violett erblühen. Hier erinnert die majestätische gotische Kirchenruine des Karmeliterklosters **Convento do Carmo** ❹ an das Erdbeben von 1755. Im offenen Kirchenschiff beeindruckt der direkte Blick in den Himmel. Die überdachte Apsis und ihre Seitenkapellen werden vom **Museu Arqueológico do Carmo** (Mo–Sa 10–18 Uhr, 2,50 €) als Ausstellungsräume genutzt. Zu sehen sind u.a. mittelalterliche Sarkophage und Grabsteine.

Teatro da Trindade

Über die Calçada do Sacramento gelangt man auf die Rua Garrett, die Haupteinkaufsstraße des Chiado. Im berühmten Café **A Brasileira** ❺ (Nr. 120), das 1906 von einem aus Brasilien heimgekehrten Portugiesen eröffnet wurde, verkehrten in den 1920er- und 1930er-Jahren viele Lissabonner Literaten. Heute ist die Bronzefigur des nachdenklichen Dichters Fernando Pessoa vor dem Café ein beliebtes Fotomotiv.

Das **Teatro Municipal de São Luiz** ❻ (Rua António Maria Cardoso 38), das Stadttheater, wurde 1894 eingeweiht, nach einem Brand 1914 zwischenzeitlich aber auch als Kino bespielt. Ein paar Schritte weiter befindet sich das Opernhaus **Teatro Nacional de São Carlos** ❼ (Rua Serpa Pinto 9). Das Haus eröffnete 1793 nach nur sechsmonatiger Bauzeit seine erste Spielzeit, nachdem der Vorgängerbau am Tejo-Ufer durch ein Erdbeben zerstört worden war. Hinter der klassizistischen Fassade verbirgt sich ein ovaler Grundriss im Rokokostil mit fünf imposanten Rängen.

Teatro São Carlos

Am unteren Ende der Rua Serpa Pinto ist seit 1911 das ***Museu do Chiado** ❽ (Nr. 4, Di–So 10–18 Uhr, 4 €) in Teilen des ehemaligen Franziskanerklosters untergebracht. Im Zuge des Wiederaufbaus des Viertels nach dem Brand 1988 wurde das Museum von dem französischen Stararchitekten Jean-Michel Wilmotte neu gestaltet und 1994 neu eröffnet. Die umfassende Sammlung veranschaulicht die Entwicklung der portugiesischen Kunst von der Romantik über den Realismus und die Klassische Moderne bis zu aktuellen Strömungen. Auf der Skulpturenterrasse des Museumscafés (Di–So 10–18 Uhr, ◯) halten sich häufig Studenten der staatlichen Kunsthochschule auf, die gleich um die Ecke liegt.

Das Restaurant **Tagide** (Di–Sa 12.30–15, 20–24 Uhr, s. Restaurants S. 137) passt mit seiner künstlerischen Innenausstattung hervorragend in das kreative Ambiente und bietet darüber hinaus eine grandiose Aussicht auf Lissabon.

Touren im Anschluss: 14, 15

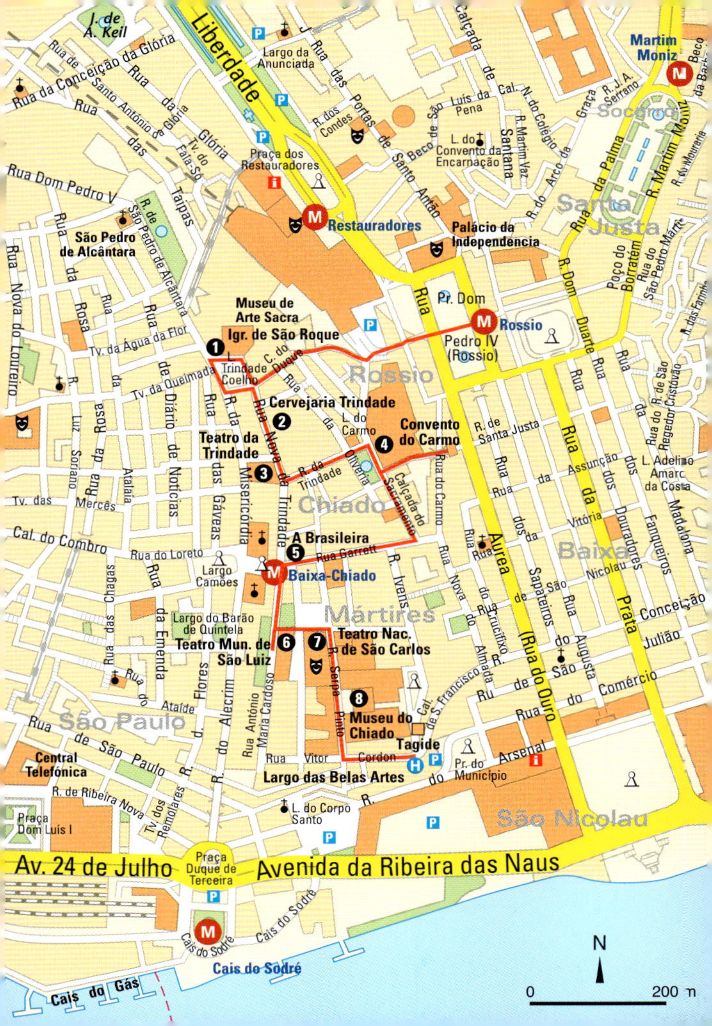

J. de A. Keil
Liberdade
Largo da Anunciada
Rua da Conceição da Glória
Rua de Santo António da Glória
Rua das Taipas
Tv. do Fala-Só
Calçada de Sant'Ana
Praça dos Restauradores
Restauradores
Rua das Portas de Santo Antão
R. dos Condes
Beco de São Luís da Pena
L. do Convento da Encarnação
Palácio da Independencia
Martim Moniz
Socorro
Rua da Palma
R. Martim Moniz
Santa Justa
Rua Dom Pedro V
São Pedro de Alcântara
R. de São Pedro de Alcântara
Rua Nova do Loureiro
Rua da Rosa
Tv. da Água da Flor
Museu de Arte Sacra
Igr. de São Roque
L. Trindade Coelho
C. do Duque
Pr. Dom Pedro IV (Rossio)
Rossio
Rua do Ouro
R. Dom Duarte
Poço do Borratém
Rossio
Cervejaria Trindade
Tv. da Queimada
Rua Nova da Trindade
L. do Carmo
Convento do Carmo
Teatro da Trindade
R. da Trindade
Oliveira
Calçada do Sacramento
Rua do Carmo
R. de Santa Justa
Rua da Assunção
Rua dos Douradores
Rua dos Fanqueiros
L. Adelino Amaro da Costa
Madalena
Chiado
Rua da Vitória
Rua da Prata
Baixa
Rua de São Nicolau
Cal. do Combro
Rua do Loreto
Largo Camões
A Brasileira
Rua Garrett
Baixa-Chiado
R. Ivens
Rua Nova do Almada
Rua do Crucifixo
Rua Áurea (Rua do Ouro)
Rua dos Sapateiros
Rua Augusta
Rua da Conceição
Rua de São Julião
Largo do Barão de Quintela
Mártires
Teatro Mun. de São Luiz
Teatro Nac. de São Carlos
R. Serpa Pinto
Rua do Comércio
Rua das Flores
Rua do Alecrim
Rua António Maria Cardoso
Museu do Chiado
Cal. de S. Francisco
Tagide
Rua Vitor Cordon
Largo das Belas Artes
Pr. do Município
Rua do Arsenal
São Paulo
Rua de São Paulo
Central Telefónica
R. de Ribeira Nova
Tv. dos Remolares
Praça Dom Luís I
L. do Corpo Santo
São Nicolau
Av. 24 de Julho
Praça Duque de Terceira
Avenida da Ribeira das Naus
Cais do Sodré
Cais do Gás
N
0
200 m
1
2
3
4
5
6
7
8

Tour **12**

Clubtour durch das Bairro Alto

mittel

Maria Caxuxa → Galeria Zé dos Bois → Casa do Brasil → Portas Largas → Catacumbas Jazz Club → *Associação Loucos e Sonhadores → Pavilhão Chines

Was tagsüber ein traditionelles Wohnviertel ist, wo Hausfrauen ihre Wäsche vor die Fenster hängen und junge Modedesigner oder Galeristen ihre Geschäfte aufschließen, entpuppt sich abends als das beliebteste Ausgehviertel. Bis spät in die Nacht stehen die Nachtschwärmer vor den Kneipen, hört man Fadoklänge aus schummrigen Tascas und dröhnen die Bässe aus den Clubs.

Start:	Ⓜ Baixa-Chiado, blaue und grüne Linie
Ziel:	Elevador da Glória/Ⓜ Restauradores, blaue Linie
Wann:	abends oder nachts, Bars Fr, Sa und vor Feiertagen bis 3 Uhr, sonst bis 2 Uhr; auch tagsüber lohnt ein Spaziergang durch das stimmungsvolle Viertel

Das »Bairro« entstand im 16. Jh. als neues Geschäftsviertel, als die Stadt rund um den Burghügel zu eng wurde. Die Jesuiten waren 1553 die ersten, die sich auf der noch brachliegenden Anhöhe ansiedelten, es folgten Adlige, Handwerker und Händler. Das Bairro Alto (dt. die Oberstadt) war die erste geplante Stadterweiterung Lissabons, bei der die Längsstraßen Ruas, die Quergassen Travessas genannt wurden.

Die Entwicklung zum Zeitungs-, Druckerei- und Künstlerviertel vollzog sich im 19. Jh. und mit den Intellektuellen kamen die ersten Kneipen, Restaurants und Bars. Einige Straßen sind nach den Zeitungen benannt, die hier gedruckt wurden. Der ein oder andere Journalist ist auch heute hier unterwegs, denn zumindest die Fußballzeitung »A Bola« hat noch ihre Redaktion im Bairro.

Vor allem am Wochenende strömen die Nachtschwärmer durch die kleinen Gassen des Bairro Alto. Treffpunkt ist meist am **Largo Camões**. Eine gemütliche Bar für den ersten Drink mit mehreren kleinen Räumen ist **Maria Caxuxa** ❶ (Rua da Barroca 6–12, s. Nightlife S. 146). Wo einst Brot gebacken wurde, stehen jetzt Sofas und Sitzecken. Die **Tasca do Chico** ❷ (Rua Diário de Notícias 39) bietet montag- und mittwochabends ab 22 Uhr hochwertigen Amateur-Fado. Die wenigen Holzbänke in der über und über mit Fotos und Fußballschals dekorierten Kneipe sind schnell belegt – besser rechtzeitig kommen!

Die **Galeria Zé dos Bois** ❸ (Rua da Barroca 59) ist ein alternatives Kulturzentrum mit einem umfassenden Veranstaltungsprogramm, das von Rockkonzerten über Ausstellungen bis zu experimentellem Theater reicht. In der **Casa do Brasil** ❹ (Rua Luz Soriano 42), der Geschäftsstelle des brasilianischen Immigrantenvereins, finden abends Tanzkurse statt, wie z.B. dienstags und donnerstags Forró-Kurse (20 Uhr).

In und vor allem vor der Bar **Portas Largas** ❺ (Rua da Atalaia 103) füllt es sich allabendlich, denn diese Bar ist beliebt bei Jung und Alt, Schwul und Hetero, Touristen und Einheimischen, vor allem zur Einstimmung vor dem Clubbesuch. Eine der ältesten Diskos des Bairros befindet sich direkt gegenüber: Das **Frágil** (Rua da Atalaia 126, 10 €) begeistert seit 1984 seine Tanzgemeinde. Vorbei an der Redaktion der »A Bola« geht es in der Travessa da Queimada zum Restaurant **Alfaia** ❻ (Nr. 22, ○○), einem der besten Restaurants des Viertels mit einer großen Auswahl an Bacalhau-Gerichten (Stockfisch). Im **Catacumbas Jazz Club** ❼ (Travessa de Água da Flor 43) finden Jazz- und Blues-Liebhaber eine allabendliche Heimat. Die Jamsessions vor allem dienstags- und freitagsabends sind legendär.

Ein Kleinod im rummeligen Bairro Alto ist das Lokal **Associação Loucos e Sonhadores* ❽ (Travessa do Conde de Soure 2), der Verein der Verrückten und Träumer. Zwischen Bücherregalen und Gemälden schmeckt der schwere Rotwein zu salzigem Popcorn besonders gut. Die Theke ist winzig, aber die Atmosphäre einzigartig und die Preise günstig. Der **Pavilhão Chines** ❾ (Rua Dom Pedro V. 89) hingegen ist eine Luxusbar, bei der am Eingang geklingelt werden muss. Innen überrascht eine schier unendliche Sammlung an Miniaturfiguren und Zinnsoldaten – allein sie ist den Besuch wert.

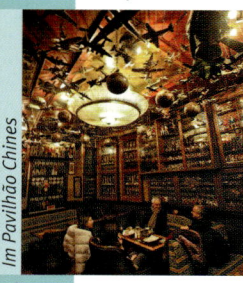

Vorbei am **Miradouro de São Pedro de Alcântara**, wo man einen nächtlichen Blick auf die Lichter der Stadt genießen sollte, erreicht man den **Elevador da Glória**, der hinunterführt zur Metrostation Restauradores.

Touren im Anschluss: tagsüber 7, 8, 19

N
0
200 m
Parque
Mayer
Jardim Botânico
Universidade Internacional
J. de A. Keil
Avenida da Liberdade
São José
Ascensor do Lavra
Tv. do Cruz do Torel
Largo da Anunciada
Praça dos Restauradores
Restauradores
Pavilhão Chines
Rua Dom Pedro V
Associação Loucos e Sonhadores
São Pedro de Alcântara
Miradouro de São Pedro de Alcântara
Elevador da Glória
Igreja de São Roque
Bairro Alto
Rossio
Pr. Dom Pedro V (Rossio)
Tribunal Constitucional
Academia das Ciências de Lisboa
Min. do Ambiente e Recursos Naturais
Mercês
Catacumbas Jazz Club
Frágil
Alfaia
Trindade Coelho
Jornal A Bola
Portas Largas
Encarnação
Casa do Brasil
Santa Catarina
Tasca do Chico
Galeria Zé dos Bois
Maria Caxuxa
Baixa-Chiado
Rua do Loreto
Largo Camões
Mártires
Ministério da Industria e Energia
Largo do Barão de Quintela
Museo do Chiado
São Paulo
Central Telefónica
Rua Dom Luís I
Praça Dom Luís I
Praça Duque de Terceira
Avenida 24 de Julho
Avenida da Ribeira das Naus

Tour 13

Bica und Sta Catarina: Ausgehen mit Ausblick

kurz

Elevador da Bica → Miradouro de Santa Catarina → Noobai Café → Museu da Farmácia → Restaurante Pharmacia → Toma-lá-dá-cá → Bicaense Café → Largo Camões

Im steilen Bica-Viertel zwischen Tejo und Bairro Alto leben traditionell Fischer und Seeleute – vielleicht gibt es im Sommer deshalb hier die besten gegrillten Sardinen. Vom Miradouro Santa Catarina lässt sich der Sonnenuntergang bewundern, bevor es am Abend in die vor allem bei Einheimischen beliebten Kneipen und Restaurants der Bica geht.

Start:	Ⓜ Cais do Sodré, grüne Linie
Ziel:	Ⓜ Baixa-Chiado, blaue und grüne Linie
Wann:	nachmittags mit anschließendem Abendessen; Museum schließt um 18 Uhr, Sa/So geschl.

Auf dem Weg in die »Bica«, wie die Einheimischen das steile Viertel rund um die Standseilbahn Elevador da Bica nennen, lohnt ein Stopp im **Café Tati** ❶ (Rua da Ribeira Nova 36) direkt hinter dem Mercado da Ribeira. Mit fast unportugiesischer Gemütlichkeit gibt es hier tagsüber und abends leckeren Kaffee, leichte Gerichte und regelmäßig enthusiastische Jazzsessions. Vorbei an der Igreja de São Paulo und durch die gleichnamige Straße, in der noch einige wenige traditionelle Lebensmittel-

Elevador da Bica

und Handwerkerläden zu finden sind, geht es zum gelb gestrichenen Eingangsportal des **Elevador da Bica** ❷. Seit 1892 schiebt sich die Bahn den Berg hinauf und hinunter, unterwegs kann man den Bewohnern durch die Fenster fast die Hand reichen, so eng ist die Gasse. Wer von hier nicht fährt, sondern läuft, steigt entweder rechts oder links die Treppen hinauf. Nach einigen Metern geht man wieder parallel zu den Schienen über die Rua da Bica Duarte Belo.

Mir. de Santa Catarina

Über die Treppe der Travessa da Portuguesa erreicht man den Aussichtspunkt **Miradouro de Santa Catarina** ❸. Der beliebte Treff der Alternativszene heißt bei den Lissabonnern »Adamastor«, benannt nach der Skulptur, die auf der Terrasse den gleichnamigen Giganten aus dem Nationalepos »Os Lusíadas« von Luís de Camões darstellt. Der kleine Pavillon schenkt Sangria und Bier aus, Jongleure und Feuerschlucker zeigen ihr Können und ganz nebenbei geht hinter der Brücke Ponte 25 de Abril die Sonne unter. Wer zum Drink etwas essen möchte, steigt die Treppe zum **Noobai Café** (Di–Do 12–22, Fr, Sa bis 24, So bis 20 Uhr, ◯◯) hinab, hier werden frische Salate und exotische Desserts serviert – freitagabends bei DJ-Musik.

Dem Aussichtspunkt gegenüber erhebt sich das prachtvolle Gebäude der portugiesischen Apothekervereinigung. Durch einen Seiteneingang gelangt man ins **Museu da Farmácia** ❹ (Rua Marechal Saldanha 1, Mo–Fr 10 bis 18 Uhr, 5 €) mit einer hervorragend aufbereiteten Ausstellung zur Ge-

Museu da Farmácia

schichte der Arzneimittel und der Apotheken in Portugal. Die mit gemütlichen Sesseln versehene Terrasse vor dem gelben Palast gehört zum innovativen **Restaurante Pharmacia** (13–1 Uhr, ○○). Jedes Accessoire im kreativ eingerichteten Speisesaal könnte auch im Apothekenmuseum stehen. Zu empfehlen sind die Tapas und an der Bar die Cocktails.

Die Treppen der Travessa do Sequeiro führen wieder hinab Richtung Bica. Im Haus Nr. 38 befindet sich das Restaurant **Toma-lá-dá-cá** ❺ (s. Restaurants S. 138). Günstige portugiesische Fisch- und Fleischgerichte in angenehmer familiärer Atmosphäre ziehen vor allem ein junges Publikum an. Im oberen Teil der Bica öffnen abends Kneipen, Cocktailbars und Jazzkeller. Bei gutem Wetter steht ein Großteil der Besucher einfach mit den Drinks auf den Schienen, zum Beispiel in der Rua da Bica de Duarte Belo vor dem **Bicaense Café** ❻ (Nr. 42) oder der Bar **Bica Abaixo** (Nr. 62), die Kabelbahn fährt um diese Uhrzeit nicht mehr. Für viele Portugiesen ist die Bica eine angenehme Ausgehalternative zum oft sehr rummeligen Bairro Alto.

An zahlreichen Restaurants und Kneipen vorbei führt die Rua Horta Seca zum Largo Camões, wo man den Abend bei einem Drink mit schöner Aussicht von der Rooftop-Bar **Terraço BA** ❼ (12.30 bis 24, Winter bis 22 Uhr) im Hotel Bairro Alto abrunden kann. Oder man schließt sich den Nachtschwärmern an, die sich unter der Statue des Nationaldichters Luis Vaz de Camões verabreden, um von hier aus auf eine nächtliche Clubtour zu gehen.

Am Largo Camões

Touren im Anschluss: nachts 12, tagsüber 14

R. Dom Pedro V
Praça dos Restauradores
Restauradores
Palácio Independência
São Pedro de Alcântara
R. de São Pedro de Alcântara
R. Luísa Todi
Tv. do Conde de Soure
Rua da Rosa
Rua Nova do Loureiro
Tv. do Jasmin
Rua do Jasmin
Rua Cecílio
Rua da Palmeira
Rua de São Marçal
R. das Adelas
Rua Eduardo Coelho
Tv. da Conceição
Tribunal Constitucional
Tv. da Palmeira
Rua da Academia das Ciências
Tv. do Arco a Jesus
Mercês
Academia das Ciências de Lisboa
Largo de Jesus
Museu de Arte Sacra
Trindade Coelho
Pr. Dom Pedro IV (Rossio)
Rossio
Tv. da Água da Flor
Tv. da Queimada
Rua do Diário de Notícias
Rua das Gáveas
Rua da Misericórdia
R. Nova da Trindade
Rua da Oliveira
R. da Trindade
Tv. do Carmo
Encarnação
Santa Catarina
R. das Parreiras
R. Pedro Dias
R. do Vale
Século
R. Luz Soriano
Rua da Atalaia
Tv. das Mercês
Santa Catarina
Cal. do Combro
Rest. Toma-lá-dá-cá
Bar Bica Abaixo
Rua do Loreto
Baixa-Chiado
Rua Garrett
Largo Camões
Mus. da Farmácia
Rest. Pharmacia
R. Marechal Saldanha
Rua das Chagas
Rua Horta Seca
Terraço BA
Mártires
R. do Sol
R. do Alcaide
R. do Poço dos Negros
Tv. do Terreiro
Tv. do Alcaide
R. de S. Catarina
Bicaense Café
Bica
Largo do Barão de Quintela
R. Fernandes Tomás
Noobai Café
Mir. de Santa Catarina
Rua da Emenda
Rua das Flores
Rua do Alecrim
Rua António Maria Cardoso
Rua Serpa Pinto
Rua Ivens
Rua dos Cordoeiros
Elevador da Bica
Rua do Ataíde
Museu do Chiado
Cal. de S. Francisco
Rua da Boavista
Pto. da Galega
Beco da Boavista
São Paulo
Igr. São Paulo
Central Telefónica
R. da Moeda
Rua de São Paulo
Rua Vítor Cordon
R. do Arsenal
Café Tati
R. de Ribeira Nova
Rua Dom Luís I
Praça Dom Luís I
Mercado da Ribeira
Tv. dos Remolares
R. dos Remolares
L. do Corpo Santo
Av 24 de Julho
Praça Duque de Terceira
Av. da Ribeira das Naus
Avenida de Brasília
Cais do Sodré
Cais do Gás
Almada
N
0
200 m

Tour 14

Madragoa und Estrela: hinauf zum Parlament

mittel

Statue von Luis Vaz de Camões → Rua Poço dos Negros → Praline → Palácio de São Bento → Pastelaria Doce Estrela → Basílica da Estrela → *Jardim da Estrela

Gegensätze pur im Lissabonner Westen: Wo im 16. Jh. Benediktinermönche Pestkranke behandelten, tagt heute das portugiesische Parlament. Nur wenige Gehminuten vom ehemaligen Sklavenviertel Madragoa entfernt, liegt die spätbarocke Basílica da Estrela und der romantische Park Jardim da Estrela.

Start:	Ⓜ Baixa-Chiado, blaue und grüne Linie
Ziel:	Ⓗ Estrela, Straßenbahn E28
Wann:	tagsüber

Gerade oben im Bairro Alto am zentralen Platz Largo Camões mit der **Statue von Luis Vaz de Camões ❶**, dem portugiesischen Nationaldichter (1524–1579), angekommen, fährt die Straßenbahn E28 auch schon wieder hinab: Über die Calçada do Combro, in der es einige interessante Läden wie das exklusive Ateliergeschäft des Modedesigners **Filípe Faisca ❷** (Nr. 99, s. Shopping S. 142) oder den kleinen Buchladen **Letra Livre** (Nr. 139) gibt, quietscht sie hinunter ins ehemalige Sklavenviertel Madragoa. Hier ließen sich seit den Zeiten der portugiesischen Entdeckungsfahrten viele freigelassene Sklaven nieder,

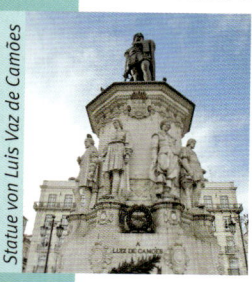

Statue von Luis Vaz de Camões

freilich nach ihrer christlichen Taufe. Der Name der Straße, **Rua de Poço dos Negros** ❸, hat einen makabren Hintergrund: Die Leichen verstorbener Sklaven wurden im 15. Jh. nicht bestattet, sodass sie im Freien verwesten. Der Gestank störte König Manuel I. so sehr, dass er ein Massengrab, den »Schacht der Neger«, ausheben ließ.

Seit dem 19. Jh. ist die Madragoa das traditionelle Viertel der Fischer und Fischverkäuferinnen. Auch hier wird in vielen einfachen Kneipen am Abend Fado gesungen, im Gegensatz zur Alfama jedoch ohne Touristen. Beim Bummeln sollte man in die kleinen Tascas und Lebensmittelgeschäfte schauen. Im Haus Nr. 51 hat sich z.B. das Pralinenatelier **Praline** ❹ niedergelassen. Zu den Köstlichkeiten der französischen Patisserie, die trotz der vielen Kalorien unbedingt eine Kostprobe wert sind, zählen die verführerisch gefüllten Macarons oder die Bayerische Creme aus Beerenfrüchten.

Die Avenida Dom Carlos I. zieht sich wie eine grüne Ader vom Fluss zum Parlamentsgebäude hoch. Im Frühsommer blühen die Jacaranda-Bäume in tiefstem Lila. Zwei nette Cafés laden zu Snacks und Getränken, auch auf der Straßenterrasse ein: das **Café República** (Nr. 140) und das **LX Inn** (Nr. 146).

Das portugiesische Parlament (Assembleia da República) tagt im **Palácio de São Bento** ❺, einem ehemaligen Benediktinerkloster. Im 16. Jh. stand hier ein Klosterkrankenhaus für Pestkranke, später wurde es von den Benediktinermönchen zu einem der größten Lissabonner Konvente ausgebaut. Die heutige klassizistische Fassade und die große Freitreppe wurden im 19. Jh. gestaltet. Die Abgeordneten blicken auf eine schmucke

Palast São Bento

Häuserzeile: Die einst heruntergekommenen Gebäude der Rua de São Bento wurden ab 2002 auf Initiative der Stadtverwaltung grundlegend saniert.

Vorbei am Parlamentsgebäude zieht sich die Calçada da Estrela wieder auf den nächsten Hügel hinauf. Kurz bevor die prachtvolle Sternbasilika erreicht ist, gibt es in der **Pastelaria Doce Estrela** (Nr. 257) köstliche Törtchen zum Kaffee. Die spätbarocke **Basílica da Estrela** ❻ wurde 1779 von Königin Maria I. in Auftrag gegeben. Die Monarchin hatte das Gelübde abgelegt, eine Kirche bauen zu lassen, sollte sie einen Nachfahren gebären. Unglücklicherweise starb ihr erster Sohn José an Pocken, zwei Jahre bevor die Kirche 1790 fertiggestellt wurde. In der Kirche ist auch die Königin selbst beigesetzt, rechts vom Hochaltar befindet sich ihr Sarkophag.

Gegenüber der Basilika erstreckt sich der fast schon tropisch anmutende, überaus beliebte ***Jardim da Estrela** ❼, die zweitgrößte Gartenanlage der Stadt. Seit 1852 erfreut er seine Besucher mit Schatten und romantischen Bänken. Männer spielen Karten, Mütter besuchen mit ihren Schützlingen den Spielplatz, Verliebte löffeln gemeinsam ein Eis im Terrassencafé am Ententeich und wer sein Buch auf der Parkbank ausgelesen hat, der findet in der Biblioteca Jardim, einem kleinen Bücherkiosk, ausreichend neuen Lesestoff.

Tour im Anschluss: 24

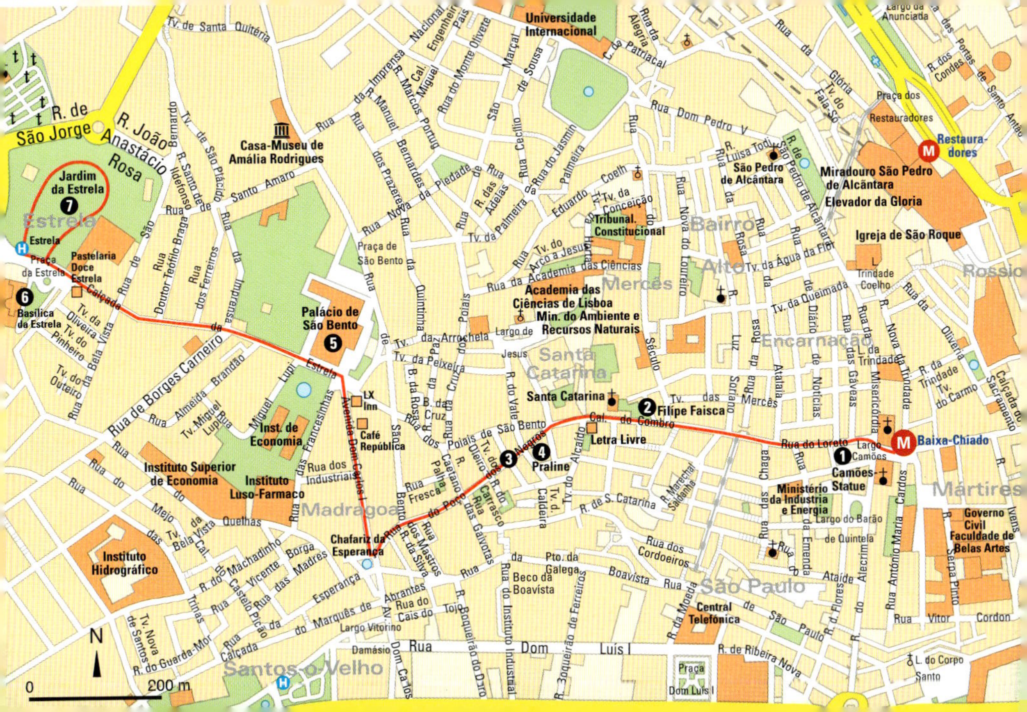

Universidade Internacional
Casa-Museu de Amália Rodrigues
Jardim da Estrela
7
Estrela
Pastelaria Doce Estrela
6
Basílica da Estrela
Palácio de São Bento
5
Inst. de Economia
Instituto Superior de Economia
Instituto Luso-Farmaco
Instituto Hidrográfico
Madragoa
Chafariz da Esperança
LX Inn
Café República
3
4
Praline
Letra Livre
Santa Catarina
2
Filipe Faisca
Academia das Ciências de Lisboa
Min. do Ambiente e Recursos Naturais
Tribunal. Constitucional
Mercês
Bairro Alto
Encarnação
São Pedro de Alcântara
Miradouro São Pedro de Alcântara
Elevador da Gloria
Igreja de São Roque
Restauradores
Rossio
Baixa-Chiado
1
Camões Statue
Ministério da Industria e Energia
Mártires
Governo Civil
Faculdade de Belas Artes
São Paulo
Central Telefónica
Santos-o-Velho
Rua Dom Pedro V
Rua de Borges Carneiro
Calçada da Estrela
Avenida Dom Carlos I
Rua do Loreto
Rua Dom Luís I
Rua de São Bento
Rua do Século
Rua da Imprensa
Rua de Santo Amaro
Rua da Misericórdia
Rua Nova da Trindade
Rua António Maria Cardoso
R. de São Jorge
R. João Anastácio Rosa
Praça de São Bento
Praça Dom Luís I
Largo Vitorino Damásio
N
0
200 m

Tour 15

Cais do Sodré und Santos: quirlige Hafenfront

mittel

Estação do Cais do Sodré → Praça da Ribeira → Mercado da Ribeira → *Pensão Amor → Meninos do Rio → Estação de Santos → Convento das Bernardas

Bahnhof, Fährhafen und Verkehrsknotenpunkt: Am Cais do Sodré ist bis spät in die Nacht Betrieb. In den letzten Jahren hat sich das heruntergekommene Hafenviertel zu einer beliebten Ausgehszene gemausert – und sich endlich wieder dem Fluss zugewandt.

Start: Ⓜ Cais do Sodré, grüne Linie
Ziel: Ⓗ Santos, Straßenbahn E15
Wann: tagsüber, Marionettenmuseum Mo geschl.

Viele Jahrhunderte verkehrten rund um den Cais do Sodré, dem Stadthafen Lissabons, nur Matrosen, Reisende, Flüchtlinge, Hafenarbeiter und Prostituierte. Keine gute Gegend – in den schummrigen Spelunken war Vorsicht geboten. Heute strömen wochentags die Vorortpendler über den Bahnhof **Estação do Cais do Sodré ❶**, im Sommer bilden die Strandhungrigen lange Schlangen an den Ticketautomaten und am Wochenende füllen sich die Straßen rund um den Kai mit Nachtschwärmern. In den letzten Jahren wurde viel getan: Gebäude renoviert, Straßen verkehrsberuhigt und Plätze neu gestaltet. Aber vor allem öffnete sich die Stadt wieder zum Fluss, der lange von baufälligen Hafengebäuden und Bauzäunen verdeckt war.

Est. Cais do Sodré

Auf der **Praça da Ribeira** ❷ sitzen Einheimische und Touristen auf bunten Bänken am Wasser und schauen auf das Treiben der Fähren und Kreuzfahrtschiffe. Nur ein paar Schritte in das Viertel hinein liegt an der viel befahrenen Uferstraße Avenida 24 de Julho der **Mercado da Ribeira** ❸, in dem lange Zeit der Großmarkt Lissabons stattfand. In der Markthalle von 1882 kaufen mittlerweile die Viertelsbewohner Lebensmittel und Blumen ein (tgl. Mo–Sa 6–14 Uhr). Direkt hinter dem Marktgebäude, in der **Rua Nova do Carvalho,** der **Rua de São Paulo** und unter den Straßenbögen der **Rua do Alecrim,** befindet sich das Bermudadreieck der Lissabonner Ausgehszene. Viele Tanzclubs waren bis vor wenigen Jahren Striplokale und tragen noch immer Ortsnamen wie Oslo, Toquio, Copenhagen oder Jamaica, denn hier verkehrten die Matrosen aus den entsprechenden Herkunftshäfen.

Ein Schmuckstück und eine Hommage an die Rotlichtvergangenheit des Hafenviertels ist die 2011 eröffnete ***Pensão Amor** ❹ (Rua do Alecrim 19, tgl. 12–2 Uhr). Im einstigen Freudenhaus ist eine Art kulturelles Kollektiv untergebracht: Neben der plüschigen gleichnamigen Bar, in der auch regelmäßig Kabarett- und andere Musikveranstaltungen stattfinden, gibt es eine erotische Bibliothek, ein Origami-Atelier, einen Szene-Frisör und vieles andere. Das Konzept geht auf, der Cais do Sodré scheint seine zwielichtige Vergangenheit überwunden zu haben – und kann gleichzeitig noch von seinem schummrigen Charme profitieren.

Zurück an der Praça da Ribeira folgt man dem neu angelegten Fahrradweg stadtauswärts. Er führt immer am Fluss entlang bis nach Belém und ist vor allem bei Joggern beliebt. In ehemaligen Industriehallen am Fluss haben sich In-Lokale und Clubs niedergelassen. Im **Meninos do Rio** ❺ (12.30 bis 4 Uhr), bei den »Jungs vom Fluss«, schlürft man auch tagsüber sein Getränk auf der Terrasse mit Blick auf den Tejo.

Über die Fußgängerbrücke der **Estação de Santos** ❻ erreicht man den Largo de Santos, einen kleinen Park. Nicht weit ist es über die Calçada Ribeiro Santos vorbei an der Igreja Santos-o-Velho bis zum ehemaligen **Convento das Bernardas** ❼ (Rua da Esperança 146). Das massive Klostergebäude hat eine interessante Geschichte: Ab Mitte des 17. Jh. lebten hier Zisterziensernonnen, nach der Säkularisierung 1834 übernahm eine Schule das Gebäude. Anfang des 20. Jh. wurden die kleinen Klosterzellen zu Wohnräumen für arme Familien umgewandelt und im Kreuzgang des Klosters legten die neuen Bewohner Waschtröge und kleine Balkone an. Ende der 1990er-Jahre sanierte die Stadtverwaltung den Komplex. Heute leben noch immer über 30 Familien in den alten Gemäuern, außerdem ist das sehenswerte **Marionettenmuseum** (Museu da Marioneta, Di–So 10–13 und 14–18 Uhr, 4 €) hier untergebracht. Es zeigt Puppen aus über 1000 Ländern, Bühnenbilder und Kostüme. Ebenfalls im Kreuzgang befindet sich das gehobene Restaurant **Travessa** (Di–Sa 20–24, Mi–Sa auch 12.30–15 Uhr, ❍❍❍).

Tour im Anschluss: 16

Madragoa
S. Bento
São Paulo
Santos-o-Velho
Baixa-Chiado
Instituto Superior de Economia
Instituto Luso-Farmaco
Instituto Hidrográfico
Convento das Bernardas
Igreja Santos-o-Velho
Santos
Largo de Santos
Estação de Santos
Central Telefónica
Mercado da Ribeira
Praça Dom Luís I
Pensão Amor
Jamaica
Praça Duque de Terceira
Praça da Ribeira
Estação do Cais do Sodré
Meninos do Rio
Cais do Sodré
Cais do Gás
Avenida 24 de Julho
Avenida de Brasilia
Rua Dom Luís I
Av. Dom Carlos I
R. de São Bento
Rua de São Paulo
Rua da Boavista
R. Boqueirão do Duro
Rua do Instituto Industri
R. Boqueirão de Ferreir
Calçada Marquês de Abrantes
Rua da Esperança
R. Nova do Carvalho
R. de Ribeira Nova
Almada
1
2
3
4
5
6
7
N
0
200 m

Tour 16

Lapa: antike Kunst und noble Straßen

lang

*Museu Nacional de Arte Antiga → Chafariz das Janelas Verdes → Rua Sacramento à Lapa → Lapa Palace → Palácio das Necessidades → Casa de Goa

In der Lapa residiert traditionell die aristokratische Elite des Landes. So mancher Stadtpalast beherbergt heute Botschaften und Luxushotels. Ein Muss für Liebhaber alter Kunst ist das Museu Nacional de Arte Antiga: »Die Versuchung des Heiligen Antonius« von Hieronymus Bosch zieht jeden in ihren Bann. In der benachbarten Tapada das Necessidades jagte einst die Königsfamilie.

Start: Ⓗ Santos, Straßenbahn E15
Ziel: Ⓗ Alcântara, Straßenbahn E15
Wann: tagsüber, Museum Mo und Di vormittags geschl.

Schon der Name »Rua das Janelas Verdes«, Straße der grünen Fenster, verspricht etwas Besonderes: Die Straße führt hinein in die Lapa, das exklusive Botschaftsviertel Lissabons. An ihrem östlichen Ende, nahe der **Igreja Santos-o-Velho ❶**, befinden sich einige Bars, die sich am Abend mit Nachtschwärmern füllen. Das rund um einen lauschigen Innenhof angeordnete **York House** in der Nr. 32 ist eines der stilvollsten Vier-Sterne-Hotels der Stadt (s. Hotels S. 131). Prachtstück der Rua das Janelas Verdes ist das landesweit bedeutendste Museum für Alte Kunst: das ***Museu Nacional de Arte Antiga ❷** (Di 14–18,

Museu Arte Antiga

Mi–So 10–18 Uhr). Es ist seit 1884 im feudalen Palácio Alvor untergebracht. Vor allem das Meisterwerk »Die Versuchung des Heiligen Antonius« (1500) von Hieronymus Bosch zieht Kunstliebhaber aus der ganzen Welt an. Stundenlang kann man vor dem Triptychon verweilen und immer neue Dämonen und Fabelwesen entdecken. Nach dem Museumsbesuch lädt das Café **Le Chat** nebenan dazu ein, bei einer fantastischen Aussicht auf den Tejo die Kunstseele baumeln zu lassen.

Versuchung des hl. Antonius

Die Rua do Olival führt an einem der prächtigsten Brunnen der Stadt vorbei: Der **Chafariz das Janelas Verdes** ❸ stammt aus dem Jahr 1775 und ist von weißen Marmorskulpturen in Gestalt von Venus und Cupido flankiert. In der Rua do Conde Nr. 34 serviert das schicke **Restaurante »1640«** ❹ (s. Restaurants S. 132) Sardinen-Bruschetta, Garnelen-Risotto und andere ausgefallene Gerichte. Der Park am Ende der Straße gehört zum herrschaftlichen Anwesen der Versicherungsgesellschaft **Lusitania** ❺, das in der Rua de São Domingos à Lapa Nr. 37 sein barockes Hauptportal hat. In derselben Straße fallen einige hübsche mit Azulejos geschmückte Fassaden auf (Nr. 38, 42, 62).

Die prunkvollste Straße ist jedoch die **Rua de Sacramento à Lapa** ❻. Hier ist die Botschaftsdichte am höchsten. Zur Residenz des Botschafters der USA im ehemaligen Palácio do Conde de Olivais (Nr. 18) gehört ein hübscher, aber nicht zugänglicher Park. Der **Palast des Grafen von Sa-**

Palast des Grafen von Sacavém

Das Lapa Palace

cavém (Nr. 24) besticht mit seiner neomanuelinischen Jugendstilfassade. Vor der chinesischen Botschaft geht es links in die Rua do Pau de Bandeira. In einem Palast aus dem 19. Jh. ist das Luxushotel **Lapa Palace** ❼ (s. Hotels S. 129) untergebracht.

Über die Straßen Rua Ribeiro Sanches und Rua Presidente Arriaga gelangt man in das westlich anschließende Viertel Alcântara. Der **Palácio das Necessidades** ❽ war im 18. Jh. als Kloster errichtet worden. Nachdem 1834 alle Ordensgemeinschaften in Portugal verboten wurden, übernahm die Königsfamilie den Palast. Von hier floh König Manuel II. 1910 außer Landes, als die Republikaner die Macht ergriffen. Heute beherbergt das rosafarbene Gebäude das Außenministerium. Die **Tapada das Necessidades** ist ein herrschaftlicher Park, in dem früher die Königsfamilie auf die Jagd ging und heute die Lissabonner mit Vorliebe picknicken. Eduard Manet soll bei einem Spaziergang durch den Park während eines Lissabonaufenthalts zu seinem Bild »Das Frühstück im Grünen« inspiriert worden sein.

Die Calçada do Livramento führt Richtung Bus- und Straßenbahnhaltestellen von Alcântara. In dem modernen Gebäude Nr. 17 verbirgt sich die **Casa de Goa** ❾, der Kulturverein der Immigranten der ehemaligen portugiesischen Kolonie in Indien. Das Restaurant des Hauses serviert typische Speisen (○○), das Museum informiert über Goa und seine Menschen und wie immer gibt es von der Dachterrasse einen hervorragenden Blick auf den Tejo.

Tour im Anschluss: 25

Santos
Igreja Santos-o-Velho
1
Hotel York House
Restaurante 1640
4
Chafariz das Janelas Verdes
3
Museu de Arte Antiga
2
Le Chat
Lusitania
5
Palast des Grafen von Sacavém
6
Lapa Palace
7
Lapa
Madragoa
Instituto Superior de Economia
Instituto Hidrográfico
Tapada das Necessidades
Inst. da Defesa Nac.
Palácio das Necessidades
8
Casa de Goa
9
Hospital da Cuf
Armada Ministério do Exército
Estação Alcântara
Alcântara/24 de Julho
Estaleiros Navais do Porto de Lisboa
Avenida 24 de Julho
Avenida de Brasília
Avenida da India
Avenida Infante Santo
Rua de São Domingos
Rua do Prior
Rua das Janelas Verdes
Calçada Ribeiro Santos
Rua Presidente Arriaga
Rua do Sacramento à Lapa
Rua de Pau da Bandeira
Rua do Conde
Rua do Olival
Rua da Arriaga
Rua Ribeiro Sanches
Rua das Necessidades
Calçada do Livramento
Rua do Prior do Crato
Rua Vieira da Silva
Rua Possidónio da Silva
Rua de Buenos Aires
Rua dos Navegantes
Rua de Santana à Lapa
Rua do Garcia
Rua de São Félix
Rua dos Remédios
Rua de São João da Mata
Rua das Praças
Rua do Meio
N
0
200 m

Tour 17

Grüne Aussichten am Rande des Bairro Alto

mittel

Elevador da Glória → Miradouro de São Pedro de Alcântara → Jardim do Príncipe Real → Jardim Botânico → Museu Nacional de Historia Natural e da Ciência

Mitten in Lissabon wird es grün! Im 19. Jh. wurden am Rande des Bairro Alto großartige Gärten angelegt: Der Miradouro São Pedro de Alcântara lockt mit seiner Aussicht, der Jardim do Príncipe Real mit seinem regen Treiben unter schattenspendenden Bäumen und der Botanische Garten mit seiner tropischen Pflanzenpracht.

Start: Ⓜ Restauradores, blaue Linie
Ziel: Ⓜ Rato, gelbe Linie
Wann: tagsüber, Biomarkt im Jardim do Príncipe Real Sa 9–14 Uhr

Die Standseilbahn **Elevador da Glória** ❶ führt seit 1885 von der Praça dos Restauradores hinauf ins Bairro Alto. Da die Calçada da Glória wirklich steil ist, lohnt sich hier die kurze Fahrt mit der gelben Bahn. Wer läuft, kann sich oben mit einem Schluck Portwein belohnen: Im Portwein-Institut **Solar do Vinho do Porto** (Rua São Pedro de Alcântara 45, Mo–Sa 11–24 Uhr) kann man im gediegenen Ambiente glasweise diverse Portweine probieren (ab 1,30 €/Glas).

Direkt gegenüber erstreckt sich auf zwei Ebenen die Parkanlage des **Miradouro de São Pedro de Alcântara** ❷. Die Terrasse wurde bereits im 19. Jh. fertiggestellt und begrünt, sie bietet eine grandiose Aussicht auf die Baixa und den Burghügel. Eine ebenso großartige Aussicht eröffnet sich vom gemütlichen, orientalisch angehauchten Café-Restaurant **Lost In** (Mo 16 bis 24, Di–Sa 12.30–24 Uhr, s. Restaurants S. 136). Gegenüber lockt die mit Jugendstilkacheln verzierte Backstube **Padaria São Roque** (tgl. 7–19 Uhr) mit einer großen Auswahl an Brot und Gebäck.

Der Garten **Jardim do Príncipe Real** ❸ ist ein sehr beliebter Ort, um sich auf einer Parkbank zum Lesen niederzulassen oder einen Kaffee zu trinken. Der Park wurde ab 1869 im englischen Stil angelegt und ist Heimat von 25 verschiedenen tropischen und europäischen Baumarten. Vor allem das ausladende Baumkronendach einer Zeder bringt die Besucher zum Staunen. Im Café unter dem Gummibaum gibt es Kaffee, Kuchen und wechselnde Tagesgerichte (tgl. 8–23, am Wochenende 9–2 Uhr, ○). Samstags findet im Park von 9 bis 14 Uhr der charmante **Mercado Biológico,** ein Biomarkt, statt. In der Parkmitte befindet sich unterhalb der Teichanlage das **Reservatório da Patriarcal** (Mo–Sa 10–18 Uhr, 2,50 €), ein Wasserspeicher, über den ab 1864 das Wasser aus dem Aqueduto das Águas Livres in die Brunnen der Innenstadt geleitet wurde. Der hohe Gewölberaum mit fast schon sakraler Atmosphäre wird häufig für Kunstausstellungen genutzt.

Entlang der hier beginnenden Rua da Escola Politécnica entstanden im 19. Jh. einige Stadtpaläste des Handelsbürgertums. In der gleichen Zeit wurde der **Jardim Botânico** ❹ (Mo–Fr 9–18, Sa–So 10–18, im Sommer bis 20 Uhr, 1,50 €) fertiggestellt, er öffnete 1873 seine Pforten. Heute sind auf ca. 4 Hektar über 10 000 tropische Pflanzen zu bewundern. Gleich im oberen Bereich fallen die riesigen Feigenbäume mit ihren braunen Luftwurzeln auf. Über 30 m ragen die Washington-Palmen auf dem Weg zum Arboretum in die Höhe. Nebenan zeigt das **Museu Nacional de Historia Natural e da Ciência** ❺ (Nr. 56–58, Di–Fr 10–17, Sa–So 11–18 Uhr, 5 €) seit 1858 wechselnde Ausstellungen zu naturgeschichtlichen Themen.

Im weiteren Verlauf der Rua da Escola Politécnica sind folgende Bauwerke bemerkenswert: Im ehemaligen Hauptgebäude der **Imprensa Nacional** (Nr. 137), des portugiesischen Äquivalents zur Bundesdruckerei, befindet sich das historische Archiv sowie ein Buchladen mit Werken aus der Nationaldruckerei. Im **Palácio Ceia** (Nr. 141–147) ist seit 1988 die staatliche Fernuniversität Universidade Aberta untergebracht.

Die Pfarrkirche des Viertels ist die **Igreja de São Mamede** ❻, die ursprünglich 1782 erbaut, nach einem Brand 1924 aber neu errichtet wurde. Die schlichte Barockkirche ist mit schönen blau-weißen Azulejos dekoriert. In der ehemaligen Seidenfabrik **Real Fábrica das Sedas** (Nr. 219–289), in der von Mitte des 18. bis Mitte des 19. Jh. hochwertige Seidenstoffe produziert wurden, befindet sich u.a. eine Mercedes-Niederlassung und das edle Restaurant **Cervejaria Real Fábrica** ❼ (Nr. 275, ○○).

Tour im Anschluss: 18

Avenida da Liberdade
Av. Pedro Álvares Cabral
Rua Alexandre Herculano
Largo do Rato
Rato
Cervejaria Real Fábrica
Igreja de São Mamede
Teatro da Cornucópia
Imprensa Nacional
Palácio Ceia
Mus. Nac. de Historia Natural e da Ciência
Jardim Botânico
Museu Geológico
Universidade Internacional
Jardim do Príncipe Real
Reservatório da Patriarcal
Lost In
Miradouro de São Pedro de Alcântara
Padaria São Roque
São Pedro de Alcântara
Solar do Vinho do Porto
Museu de Arte Sacra
Igreja de São Roque
Elevador da Glória
Praça dos Restauradores
Restauradores
Ascensor do Lavra
Hospital de Santo António dos Capuchos
Parque Mayer
J. de A. Keil
Avenida
São Mamede
São José
Bairro Alto
Mercês
Casa-Museu de Amália Rodrigues
Palácio de São Bento
Largo Jean Monnet
Largo Hintze Ribeiro
Rua do Salitre
Rua da Escola Politécnica
Rua Dom Pedro V
Rua da Rosa
Rua do Século
Rua Nova do Loureiro
Rua da Academia das Ciências
Rua de São Bento
Rua do Sol
Rua da Quintinha
Rua dos Prazeres
Rua de Santo Amaro
Rua Rodrigo da Fonseca
Rua Castilho
Rua Barata Salgueiro
Calçada do Lavra
Taipas
Calçada da Glória
Rua de Santo António da Glória
Rua da Conceição da Glória
Praça das Flores
Praça de São Bento
N
0
200 m

Tour 18

Amoreiras und Campolide: Weg des Wassers

mittel

Chafariz do Rato → Mãe de Água das Amoreiras → Fundação Árpád Szenes/Vieira da Silva → Centro Comercial Amoreiras → *Aqueduto das Águas Livres

Eine 58 km lange unter- und oberirdisch verlegte Wasserleitung versorgte Lissabon ab Mitte des 18. Jh. mit Trinkwasser. Herzstück des Aqueduto das Águas Livres sind die monumentalen Brückenbögen über das Alcântara-Tal – eine der größten Ingenieurleistungen jener Zeit.

Start: Ⓜ Rato, gelbe Linie
Ziel: Ⓗ Calçada Mestres, Bus 702
Wann: tagsüber, Aquädukt Mo und im Winter geschl.

Am Verkehrsknotenpunkt Largo do Rato stößt man bereits auf die erste Spur der alten Wasserversorgung: Der 1752 von Carlos Mardel gebaute **Chafariz do Rato** ❶ gehörte zu den 26 öffentlichen Brunnen der Stadt.

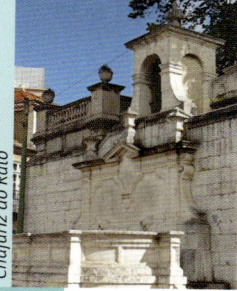

Der Stadtteil Amoreiras ist Portugals ältestes Arbeiterviertel. Der Name bedeutet Maulbeerbaumplantage, denn hier ließ Marquês de Pombal 1759 über 300 Bäume für die Seidenraupenzucht anpflanzen. Der Königshof verlangte nach Seide, Kämmen, Messern und Uhren – die ersten Manufakturen entstanden. Gleichzeitig stieg die Einwohnerzahl der Stadt rapide an, sodass

Chafariz do Rato

eine kontinuierliche Wasserversorgung immer dringender wurde. Dafür sorgte schließlich das 1748 fertiggestellte Aquädukt, das Wasser aus den Bergen von Queluz nach Lissabon transportierte. Der prunkverliebte Barockkönig João V. leitete den Bau 1732 ein und forderte dafür von seinen Untertanen eine sogenannte Wassersteuer.

Die mit allen Nebenverzweigungen über 58 km lange Wasserleitung mündete in die »Mutter des Wassers«, den Wasserspeicher **Mãe de Água das Amoreiras** ❷ (Mo–Sa 10–18 Uhr, 2 €). Von hier aus wurde das wertvolle Nass in die öffentlichen Brunnen der Stadt verteilt. Zu den Palästen der reichen Bürger gab es sogar direkte Verbindungen. Im Inneren des riesigen, kathedralenartigen Gewölberaums gibt es noch immer einen imposanten Wassertank zu bestaunen. Er fasst 5460 m³ Wasser und wird aus einem künstlichen Wasserfall gespeist. Die kleine romantische Bühne wird heute gerne für Konzerte genutzt.

Parallel zu den großen Aquäduktbögen verläuft der lauschige Park **Jardim das Amoreiras**. Große Bäume spenden üppig Schatten – darunter übrigens auch noch ein Maulbeerbaum –, ein Kiosk versorgt die Parkbesucher mit Kaffee, Eis und kleinen Snacks. Die kleine Kapelle Nossa Senhora de Monserrate passt genau in den fünften Rundbogen des Aquädukts. An der gegenüberliegenden Seite des Parks hat sich in einer ehemaligen Fabrikhalle der königlichen Seidenmanufaktur eine herausragende Kunstsammlung niedergelassen: die **Fundação Árpád Szenes/Vieira da Silva** ❸ (Mi–Mo 10–18 Uhr, 3 €). Auf zwei Stockwerken sind über 80 Werke des ungarisch-portugiesischen Künstler-

Jardim das Amoreiras

ehepaares Maria Helena Vieira da Silva (1908–1992) und Árpád Szenes (1897–1985) ausgestellt. Vieira da Silva gilt als bedeutendste Vertreterin der modernen Kunst in Portugal.

Als 1985 das **Centro Comercial das Amoreiras** ❹ des Architekten Tomás Taveira mit seinen monströsen postmodernen Türmen fertiggestellt wurde, empörten sich die Lissabonner: Das erste richtige Hochhaus verschandele das harmonische Stadtbild, das erste Shoppingcenter mache den kleinen Läden Konkurrenz! Inzwischen haben sich die meisten damit abgefunden und gehen hier einkaufen oder ins Kino.

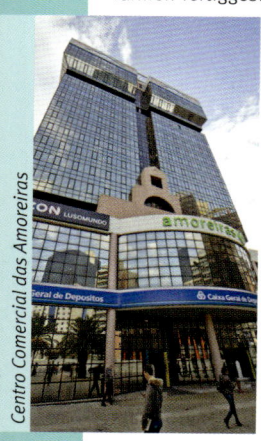

Nach einem kurzen Fußmarsch durch das eher gesichtslose Arbeiterviertel Campolide steht man plötzlich vor dem unscheinbaren Eingang zum *Aqueduto das Águas Livres* ❺ (Mo–Sa 10–18 Uhr, 2 €, nur 1. März bis 30. November). Das schönste Teilstück der Wasserleitung überquert mit 14 gotischen Bögen auf einer Länge von 941 m das Tal von Alcântara – ein wahres Wunder der Ingenieurkunst. Der mittlere Bogen ist mit 65 m Höhe und 32 m Breite der größte aus Stein gemauerte Spitzbogen der Welt. Kaum zu glauben, dass die Konstruktion beim Erdbeben 1755 keinerlei Schaden nahm. Die Wasserleitungen werden seit 1967 nicht mehr für die städtische Versorgung benötigt, aber ein Spaziergang über das Aquädukt ist dennoch ein unvergessliches Erlebnis.

Touren im Anschluss: 17, 19

Centro Comercial das Amoreiras

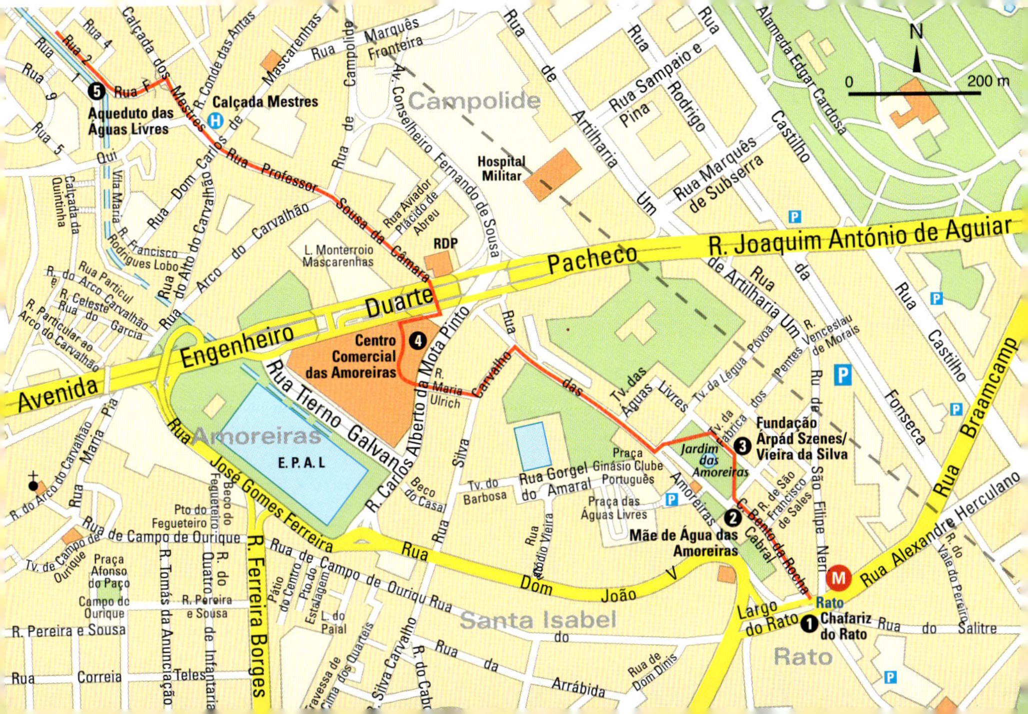
N
0
200 m
Campolide
Hospital Militar
RDP
Calçada Mestres
Aqueduto das Águas Livres
Centro Comercial das Amoreiras
Amoreiras
E.P.A.L
Fundação Árpád Szenes/ Vieira da Silva
Jardim das Amoreiras
Mãe de Água das Amoreiras
Chafariz do Rato
Rato
Santa Isabel
R. Joaquim António de Aguiar
Avenida Engenheiro Duarte Pacheco
Rua Braamcamp
Rua Alexandre Herculano
Rua Castilho
Rua da Fonseca
Alameda Edgar Cardosa
Rua de Artilharia Um
Rua Sampaio e Pina
Rua Rodrigo
Rua Marquês de Subserra
Av. Conselheiro Fernando de Sousa
Rua Professor Sousa da Câmara
Rua Aviador Plácido de Abreu
L. Monterroio Mascarenhas
Rua de Campolide
Rua Marquês Fronteira
Rua Mascarenhas
R. Conde das Antas
Calçada dos Mestres
Rua Dom Carlos de Mascarenhas
Rua do Arco do Carvalhão
Rua do Alto do Carvalhão
R. Francisco Rodrigues Lobo
Vila Maria
Calçada da Quintinha
Rua Particular
R. do Arco Carvalhão
R. Celeste
Rua do Garcia
R. Particular ao Arco do Carvalhão
Rua Maria Pia
R. do Arco do Carvalhão
Rua José Gomes Ferreira
Rua Tierno Galvan
R. Carlos Alberto da Mota Pinto
R. Maria Ulrich
Rua Carvalho
Rua das Amoreiras
Tv. das Águas Livres
Tv. da Légua Póvoa
dos Pentes
R. Venceslau de Morais
Ru de São Filipe Neri
Tv. da Fábrica
R. de São Francisco de Sales
C. Bento da Rocha Cabral
Praça Ginásio Clube Português
Praça das Águas Livres
Rua Gorgel do Amaral
Tv. do Barbosa
Beco do Casal
Rua Silva
Rua Cláudio Vieira
Rua Dom João V
Largo do Rato
Rua do Salitre
R. do Vale do Pereiro
Rua de Dom Dinis
Rua da Arrábida
R. do Cabo
R. Silva Carvalho
Travessa de Cima dos Quartéis
Rua de Campo de Ourique
L. do Paial
Pto. do Estalagem
Pátio do Centro
Beco do Fegueteiro
Pto do Fegueteiro
R. Ferreira Borges
R. do Quatro de Infantaria
R. Tomás da Anunciação
R. Pereira e Sousa
Rua Correia Teles
Praça Afonso do Paço
Campo de Ourique
Tv. de Campo de Ourique
Rua 1
Rua 2
Rua 4
Rua 5
Rua 9
Rua F

Tour 19

Avenida und Parque: die Flaniermeilen

Praça dos Restauradores → Praça da Alegria → *Cinema São Jorge → Parque Eduardo VII. → Pavilhão Carlos Lopes → Estufa Fria → Jardim Amália Rodrigues

1885 wurde nach französischem Vorbild auch in Lissabon eine Prachtstraße angelegt: die Avenida da Liberdade, deren Name an die Befreiung von der spanischen Herrschaft 1640 erinnert. Sie ist 1,5 km lang, stolze 100 m breit und wird heute von Luxushotels und Designerläden, aber auch von kulturellen Institutionen gesäumt. Wie ein Ausflug auf die grüne Wiese mutet der Besuch des größten Parks der Stadt an, den die Lissabonner einfach nur Parque nennen.

Start: Ⓜ Restauradores, blaue Linie
Ziel: Ⓜ São Sebastião, blaue und rote Linie
Wann: tagsüber

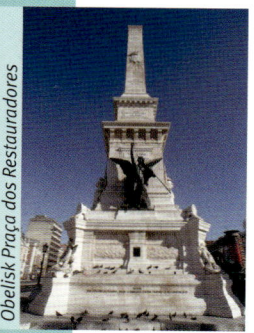

Obelisk Praça dos Restauradores

Der **Obelisk der Praça dos Restauradores** ❶ wurde 1886 wie die Avenida in Gedenken an den Sieg gegen die Spanier errichtet. Von dem ehemaligen **Teatro Eden**, einem in den 1930er-Jahren erbauten Filmpalast im Art-déco-Stil, blieb nur noch die Fassade erhalten, dahinter verbirgt sich jetzt ein modernes Aparthotel. Im angrenzenden **Palácio Foz** ❷, dem Privatpalast des Markgrafen von Foz aus dem 19. Jh., ist u.a. das Hauptbüro der Touristeninformation untergebracht. Gegenüber ist im Gebäude des ehemaligen Kinos Conde das **Hard Rock Café Lisbon** (Nr. 2, Mo–So 10 bis 1 Uhr) eingezogen. Neben der Bar (oft DJ- und Livemusik) und dem Restaurant gibt es wie üblich ein Geschäft mit Merchandise-Artikeln.

Auf den beiden Grünstreifen der Avenida gibt es zwischen Brunnen und Skulpturen unter schattenspendenden Bäumen insgesamt sechs kleine Terrassencafés, wie z.B. das **Bananacafé** (tgl. 10–2 Uhr). Tagsüber werden in den Pavillons Getränke, Kuchen und kleine Gerichte verkauft, abends lädt Musik zum Tanzen und Cocktailsschlürfen ein.

Hard Rock Café Lisbon

Ein paar Schritte führen hinauf zur **Praça da Alegria** ❸. Auf dem Platz der Freude erinnert unter großen Eisenholzbäumen eine kleine Büste an den Maler, Poeten und Dichter Alfredo Keil, der 1891 die heutige Nationalhymne »A Portuguesa« komponierte. Die **Cervejaria Ribadouro** (Nr. 155, tgl. 12 bis 1.30 Uhr, s. Restaurants S. 134) ist das Lokal Nummer eins für frische Meeresfrüchte. Der deutsche Azulejokünstler Andreas Stöcklein hat die Wände des Lokals mit moderner Kachelkunst neu gestaltet.

Das *****Cinema São Jorge** ❹ (Nr. 175) war nach seiner Eröffnung 1950 das größte Kino Portugals und gewann einen bedeutenden Architekturpreis. Heute wird die Kultureinrichtung städtisch verwaltet und bietet ein breites Programm an Filmen und Filmfestivals, aber auch an Theaterstücken, Lesungen und Konzerten. In der **Cafetaria São Jorge** (Mo–Sa 10–24 Uhr) gibt es Pizzas und selbstgemachte Limonaden.

Auf der anderen Straßenseite befand sich einst ebenfalls ein prächtiger Kinosaal: das **Cine Teatro Tivoli** (Nr. 182). Es eröffnete 1924 und wird heute vor allem mit Musicals und Sonderveranstaltungen bespielt. Im Zentrum des bei Autofahrern gefürchteten Kreisverkehrs **Marquês de Pombal** ❺ steht auf einer 36 m hohen Säule die Figur des Grafen, der nach dem Erdbeben die Baixa wiederaufbaute, und schaut auf das gelungene Werk herab.

Parque Eduardo VII

Dem Verkehr entfliehen kann man im **Parque Eduardo VII.** ❻, Lissabons größter Parkanlage, die ihren Namen nach dem Besuch des britischen Königs Edward VII. 1902 erhielt. An ihrem östlichen Rand dominiert der neoklassizistische Palast **Pavilhão Carlos Lopes** ❼, der 1923 zunächst in Rio de Janeiro aufgebaut, 1932 aber an diese Stelle verlegt wurde. Die schönen Azulejos können hoffentlich bald wieder besichtigt werden, das Gebäude wartet auf seine Renovierung. Die Gewächshausanlage **Estufa Fria** ❽ (derzeit wegen Renovierung geschl., geplante Wiedereröffnung 2013, tgl. 9–17, im Sommer bis 18 Uhr, 3 €) ist eine grüne tropische Oase inmitten der Stadt. Ein Dach aus Holzlamellen spendet Schatten.

In dem sehr sonnigen Garten **Jardim Amália Rodrigues** ❾, der nach der großen Fadista (1920–1999) benannt wurde, befindet sich das mit Michelin-Sternen ausgezeichnete Restaurant **Eleven** (Mo–Sa 12.30–15, 19.30–23 Uhr, s. Restaurants S. 135). Die grandiose Aussicht hinunter auf die Stadt belohnt für den stetigen Aufstieg.

Touren im Anschluss: 18, 20

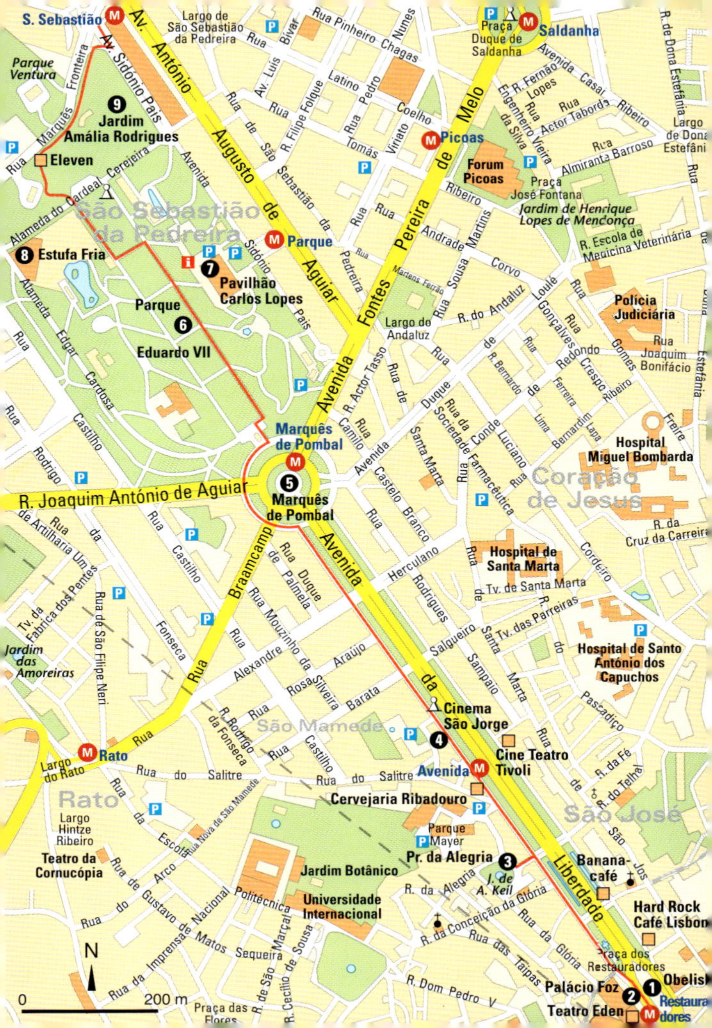
S. Sebastião
Largo de São Sebastião da Pedreira
Av. António Augusto de Aguiar
Av. Sidónio Pais
Rua Pinheiro Chagas
Nunes
Bivar
Rua
Praça Duque de Saldanha
Saldanha
R. de Dona Estefânia
Avenida Casal Ribeiro
Parque Ventura
Fronteira
Jardim Amália Rodrigues
Rua Marquês
Eleven
Latino Coelho
Av. Luís
Rua Filipe Folque
Rua Pedro Tomás
Viriato
Picoas
Rua de São Sebastião da Pedreira
Avenida Fontes Pereira de Melo
Forum Picoas
R. Fernão Lopes
Rua Engenheiro Vieira da Silva
Rua Actor Taborda
Rua Almirante Barroso
Largo de Dona Estefânia
Praça José Fontana
Jardim de Henrique Lopes de Mendonça
Ribeiro
Alameda do Cardeal Cerejeira
São Sebastião da Pedreira
Avenida Sidónio Pais
Parque
Rua Andrade
Martins
Rua Sousa Martins
Corvo
R. Escola de Medicina Veterinária
Estufa Fria
Pavilhão Carlos Lopes
Rua Pedreira
Martens Ferrão
Loulé
Rua Gonçalves Crespo
Polícia Judiciária
Alameda Edgar Cardoso
Parque Eduardo VII
Largo do Andaluz
R. do Andaluz
Rua Joaquim Bonifácio
Gomes Freire
Estefânia
Rua Castilho
Rua Rodrigo
R. Actor Tasso
Rua de Camilo
Rua Duque de Loulé
R. Bernardo Lima
Rua Ferreira Lapa
Rua Redondo
Ribeiro
Marquês de Pombal
Avenida Castelo Branco
Rua Santa Marta
Rua da Sociedade Farmacêutica
Rua Conde Luciano
Hospital Miguel Bombarda
Coração de Jesus
R. Joaquim António de Aguiar
Rua de Artilharia Um
Rua da Fábrica dos Pentes
Rua Castilho
Rua Braamcamp
Rua Duque de Palmela
Avenida da Liberdade
Rua Herculano
Rua Rodrigues Sampaio
Hospital de Santa Marta
Tv. de Santa Marta
Rua de Santa Marta
R. da Cruz da Carreira
Cordeiro
Tv. da Fábrica dos Pentes
Rua de São Filipe Neri
Fonseca
Jardim das Amoreiras
Rua Alexandre Herculano
Rua Mouzinho da Silveira
Rua Rosa Araújo
Barata Salgueiro
Tv. das Parreiras
R. do Passadiço
Hospital de Santo António dos Capuchos
R. Rodrigo da Fonseca
São Mamede
Rua Castilho
Cinema São Jorge
Cine Teatro Tivoli
Rato
Largo do Rato
Rua do Salitre
Avenida
R. da Fé
R. do Telhal
São José
Rua da Escola Politécnica
Rua Nova de São Mamede
Cervejaria Ribadouro
Parque Mayer
Largo Hintze Ribeiro
Teatro da Cornucópia
Pr. da Alegria
J. de A. Keil
Jardim Botânico
R. da Alegria
Banana-café
Hard Rock Café Lisbon
Rua de Gustavo de Matos Sequeira
Universidade Internacional
R. da Conceição da Glória
Rua da Glória
Rua da Imprensa Nacional
Rua do Arco
R. de São Marçal
R. Cecílio de Sousa
Rua das Taipas
Praça dos Restauradores
R. Dom Pedro V
Palácio Foz
Obelisk
Teatro Eden
Restauradores
Praça das Flores
N
0
200 m

Tour 20

Gulbenkian-Stiftung: Raum für Kunst und Natur

lang

*Museu Calouste Gulbenkian → Biblioteca de Arte →
Jardim Gulbenkian → Centro de Arte Moderna →
El Corte Inglés

Wie ein Märchen aus 1001 Nacht: Das sieben Hektar große Gelände der Gulbenkian-Stiftung ist wie eine andere Welt. In einer großzügigen Parkanlage befinden sich zwei sehenswerte Top-Museen, verschiedene Cafeterias und Restaurants, ein Amphitheater und eine Kunstbibliothek.

Start: Ⓜ Praça de Espanha, blaue Linie
Ziel: Ⓜ São Sebastião, blaue und rote Linie
Wann: tagsüber, Mo Museen geschl.

Der Ingenieur und Geschäftsmann Calouste Gulbenkian (1869–1955) war gebürtiger Armenier. Nachdem er im Irak eigene Ölquellen entdeckt hatte, begann er, Gemälde, Teppiche, Schmuck und Antiquitäten aus der ganzen Welt zu sammeln. Beim Verkauf seiner Quellen an Mineralölgesellschaften 1928 vereinbarte er eine Beteiligung von 5 % an den Konzernen – der Name Mister Five Percent war geboren. Seine private Kunstsammlung in seiner Pariser Wohnung wuchs beständig um erlesene Werke an.

Auf der Flucht vor den Nazis kam Gulbenkian 1942 mit seinen Besitztümern nach Lissabon. Zum Dank für seine Rettung gründete er in Portugal die Stiftung Fundação Calouste Gulbenkian, die nach seinem Tod das gesamte Vermögen inklusive der noch weiterhin sprudelnden Einnahmen aus den Ölquellen erhielt. Hieraus werden heute nicht nur die Museen und das umfassende Kulturprogramm finanziert, sondern auch wissenschaftliche und karitative Projekte gefördert und Forschungsinstitutionen betrieben.

Das im Jahr 1969 zu seinem 100. Geburtstag eröffnete ***Museu Calouste Gulbenkian** ❶ (Av. de Berna 45A, Di–So 10 bis 17.45 Uhr, 4 €) beherbergt eine Sammlung von über 6000 Exponaten, unterteilt in 17 Abteilungen. Die Ausstellung umfasst wertvolle Gemälde, Möbel, Teppiche, Schmuck, Skulpturen, Porzellan und Bücher. Sie gibt einen einzigartigen Überblick über die Kunstgeschichte vom Jahr 2800 v. Chr. bis zur Mitte des 20. Jh. Besonders hohe Wertschätzung in internationalen Kunstkreisen genießen die Sammlungen Orientalischer und Europäischer Kunst vom 11. bis 19. Jh.

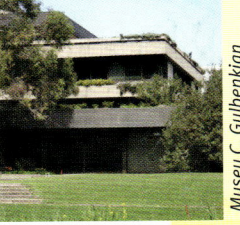

Museu C. Gulbenkian

Dem Museum angeschlossen sind eine Cafeteria mit Gartenterrasse (Di–Do 10 bis 17.30 Uhr) und eine gut sortierte Kunstbibliothek, **Biblioteca de Arte** ❷, mit über 400 000 Bänden. In den Lesesälen können neben den Büchern aus dem Archiv auch aktuelle internationale Kunstzeitschriften gelesen werden.

In den üppigen Garten der Stiftung, den **Jardim Gulbenkian** ❸, ziehen sich in der Mittagszeit viele Angestellte der umliegenden Bürohäuser zum Mittagspicknick zu-

Sammlung Gulbenkian

85

rück. Unzählige Bänke und Schattenplätze an Wasserläufen laden geradezu zum Verweilen ein. Skulpturen, Fotoausstellungen oder andere Kunstprojekte verschönern den Garten. Im Amphitheater finden oftmals Freiluftveranstaltungen statt.

Am südlichen Ende der grünen Oase befindet sich seit 1983 das **Centro de Arte Moderna** ❹ (Rua Dr. Nicolau de Bettencourt, Di–So 10–18 Uhr, 5 €). Hier ist eine ebenfalls von der Gulbenkian-Stiftung finanzierte Dauerausstellung mit Werken aller bedeutenden zeitgenössischen portugiesischen Maler untergebracht. Sie zeigt überhaupt die erste Sammlung portugiesischer Kunst des 20. Jh., kein anderer Ausstellungsort bildet das Schaffen der oftmals in anderen Teilen Europas unbekannten Maler wie Amadeo de Souza-Cardoso, Maria Helena Viera da Silva und Paula Rego in dieser Breite ab. Temporäre Expositionen ergänzen das Programm. Im angeschlossenen Selbstbedienungsrestaurant gibt es leckere Speisen zu günstigen Preisen, weswegen sich mittags lange Schlangen an der Theke bilden (Di–So 10–17.45 Uhr).

Vorbei an der burgähnlichen Mauer eines gräflichen Privatgrundstücks gelangt man zum gigantischen Shoppingtempel **El Corte Inglés** ❺ (Mo–Do 10–22, Fr–Sa 10–23.30, So 10 bis 20 Uhr, s. Shopping S. 141), in dem man auf 13 Etagen schlichtweg alles findet. Das Kaufhaus in einem modernen Gebäude ist das größte der iberischen Halbinsel und bietet vor allem Qualitätswaren. Schon allein die Gourmetabteilung im Untergeschoss ist einen Besuch wert.

Touren im Anschluss: 19, 21

Faculdade de Ciências Sociais e Humanas
Instituto Português de Oncologia Francisco Gentil
Instituto Português de Reumatologia
Nossa Senhora de Fátima
Tribunal de Contas
Campo Pequeno
Ministério da Educação
Teatro da Comuna
Museu Calouste Gulbenkian
Biblioteca de Arte
Fundação Calouste Gulbenkian
Jardim Gulbenkian
Centro de Arte Moderna
El Corte Inglés
Rodoviária
Praça de Espanha
S. Sebastião
Tribunal de Polícia
Parque Ventura
Faculdade de Economia
Palácio da Justiça
Maternidade Dr. Alfredo da Costa
Largo de São Sebastião da Pedreira
Av. Columbano Bordalo Pinheiro
Avenida Calouste Gulbenkian
Avenida de Berna
Av. António Augusto de Aguiar
Av. Sidónio Pais
Estrada das Laranjeiras
R. Dr. Álvaro de Castro
Avenida Madame Curie
Rua Professor Lima
Rua Actor Alves da Costa
Rua Tenente Espanca
Rua Dom Luís de Noronha
Av. Santos Dumont
Rua da Beneficência
R. Doutor Silva Teles
Av. Poeta Mistral
Av. Marquês de Tomar
Avenida Elias Garcia
Avenida Barbosa
Avenida Cinco de Outubro
Avenida Visconde de Valmor
Av. Conde de Valbom
Avenida Miguel Bombarda
Avenida João Crisóstomo
Avenida Duque de Ávila
Rua Marquês de Sá da Bandeira
Rua Ramalho Ortigão
Rua Henrique Alves
Rua Malhôa
R. Doutor Júlio Dantas
Avenida Ressano Garcia
Rua Fialho de Almeida
Rua Doutor Nicolau de Bettencourt
Rua Marquês Fronteira
R. Marquês Fronteira
Rua António Cândido
Rua Pinheiro Chagas
R. António Enes
Rua Bivar
Rua Luís Filipe
Rua Folque
Rua Nunes
Av. Latino Coelho
Rua Pedro
R. Tomás Ribeiro
0
200 m
N

Tour 21

Benfica: Wohnen im Zeichen des Fußballs

lang

Largo do Conde de Bonfim → Mercado de Benfica → Igreja de São Domingos de Benfica → *Palácio dos Marquéses de Fronteira → Jardim Zoológico

Viele denken bei Benfica erst einmal an Fußball, denn der SL Benfica ist Portugals wichtigster Fußballverein. Doch Benfica ist auch Lissabons größtes Wohnviertel, hier leben um die 70 000 Einwohner. Neben dem Stadion, hohen Büro- und Shoppingtempeln und eintönigen Wohnsiedlungen finden sich architektonische Schätze wie der Palácio dos Marquéses de Fronteira. Zwei Drittel des Stadtwaldes Monsanto gehören ebenfalls zum Stadtteil.

Start: Ⓗ São Domingos de Benfica, Bus 716, 746, 754, 758, 768
Ziel: Ⓜ Jardim Zoológico, blaue Linie
Wann: tagsüber, auch bei regnerischem Wetter, Palácio So geschl., keine Stadion-Führungen an Spieltagen

Am **Largo do Conde de Bonfim** ❶ findet das für Benfica typische Alltagsleben statt: Zwischen mehrstöckigen Wohnhäusern aus den 1950er- und 1960er-Jahren parken Autos, Busse fahren vorbei, Kinder spielen auf dem Spielplatz zwischen Altglascontainern und ältere Frauen tragen ihre Einkaufstüten nach Hause. Bei genauerem Hinsehen können zwischen den Wohnhäusern entlang der Estrada de Benfica noch sehenswerte Gebäude vom Beginn des 20. Jh. entdeckt werden, so z.B. die Schule und der Kindergarten (Nr. 356 und 358).

Der **Mercado de Benfica** ❷ ist die Markthalle des Stadtteils. Täglich von Montag bis Samstag werden hier von 7–14 Uhr Obst, Gemüse, Fisch, Fleisch und Blumen verkauft. Eine Fußgängerbrücke über die Schnellstraße Avenida General Correia Barreto verbindet das Wohnviertel mit der grünen Lunge Lissabons, dem Stadtwald **Monsanto**. In der Militärschule **Instituto dos Pupilos do Exército** ❸ werden vor allem Kinder von Militärangehörigen unterrichtet. Die Privatschule ist in Teilen eines ehemaligen Dominikanerklosters untergebracht. Der Mönchsorden gründete das Kloster 1399. Die barocke **Igreja de São Domingos de Benfica** ❹ aus dem 17. Jh. diente bis 1979 als Pfarrkirche der Gemeinde Benfica. Sie ist mit Azulejos und Marmorarbeiten dekoriert, allerdings oft geschlossen.

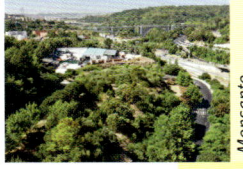

Monsanto

Das wohl prächtigste Privatanwesen der Stadt ist der ***Palácio dos Marquéses de Fronteira** ❺ (Largo de São Domingos de Benfica; Palastführungen Mo–Sa 11, 12, Juni–Sept. auch 10.30, 11.30 Uhr, 7,50 €; Garten Mo–Fr 10.30–13, 14–17, Sa 10.30–13 Uhr, 3 €). Der Palast wurde im 17. Jh. als Jagdsitz des Adligen Dom João de Mascarenhas, des ersten Markgrafen von Fronteira, angelegt. Im 18. Jh. gestaltete ein Markgraf aus der fünften Generation das Anwesen zur Wohnresidenz um. Der bezaubernde Barockgarten wird von einer Galerie aller portugiesischen Könige bis ins 18. Jh. gesäumt. Der Palast selbst ist nur im Rahmen von Führungen zu besichtigen. Einige Säle sind mit wunderschönen Azulejos verziert, auch die Terrasse, die

Palácio Marquéses de Fronteira

Kapelle und das Sommerhaus verzaubern mit ihren Dekorationen aus Fliesen, zerbrochenem Porzellan und Muscheln. Die 14. Generation der Markgrafen bewohnt noch immer einen Flügel des Hauses.

Vorbei an der modernen Pfarrkirche **Igreja de Nossa Senhora do Rosário ❻** aus dem Jahr 1979 und dem urigen Meeresfrüchterestaurant **Cervejaria Coral** (Largo Dr. Manuel Emídio da Silva 9A, ○) geht es zum weitläufigen Gelände des **Jardim Zoológico ❼** (Praça Marechal Humberto Delgado, tgl. 10–18 Uhr, 17,50 €, Kinder 12,50 €). Etwa 2000 Tiere begeistern die großen und kleinen Besucher des Zoos, unter anderem mit Attraktionen wie einem Reptilienhaus und einem talentierten Elefanten.

Tipp: Die blaue Metrolinie führt von der Station »Jardim Zoológico« in wenigen Minuten zum gigantischen **Centro Comercial Colombo** (Ⓜ Colégio Militar/Luz, tgl. 10–24 Uhr, s. Shopping S. 140). Zu Fuß ist das Einkaufszentrum unerreichbar, da es von Autobahnen und Schnellstraßen umringt ist. Direkt nebenan befindet sich das Benfica-Stadion **Estádio da Luz** (Tor 18, tgl. 10, 11, 12 Uhr, 12,50 €), das zur EM 2004 erbaut wurde. Bei Stadienführungen können die Spielerumkleiden und der »heilige« Rasen besichtigt werden. Dem Vereinsstar der 1960er-Jahre, Eusébio da Silva Ferreira, ist vor dem Stadion ein Denkmal gewidmet.

Tour im Anschluss: 20

São Domingos de Benfica
Laranjeiras
Largo do Conde de Bonfim
Nr. 356, 358
São Domingos de Benfica
Casa de Saúde da Cruz Vermelha
Mercado de Benfica
Instituto dos Pupilos do Exército
Igreja de São Domingos de Benfica
Largo de São Domingos de Benfica
Palácio dos Marquéses de Fronteira
Bairro das Furnas
Cruz da Pedra
Cervejaria Coral
Igreja de Nossa Senhora do Rosário
Jardim Zoológico
Praça Marechal Humberto Delgado
Largo Manuel Emídio da Silva
Bairro Novo
Sete Rios
Centro de Saúde de Sete Rios
Eixo Norte Sul
Av. General Correia Barreto
Rua Conde de Almoster
Rua Francisco Gentil Martins
Estrada de Benfica
Estrada das Laranjeiras
Rua do Alto dos Moinhos
Rua António Nobre
R. Abel Botelho
Rua Cidade de Rabat
Rua Teresa Gomes
Rua António Feijó
Rua Duarte Galvão
Rua Padre Francisco Álvares
Rua Cândido de Figueiredo
Beco da Botica
Rua Gonçalves Viana
Rua Dr. Mascarenhas Melo
Rua Raquel Roque Gameiro
Rua Leitão de Barros
Praça Silvestre Pinheiro Ferreira
Largo Conde de Ottolini
R. Carlos Pereira
Rua Cecília Meireles
Tv. de São Domingos de Benfica
Praça Gen. Vicente de Freitas
Rua Inácio de Sousa
Rua do Montepio Geral
Rua Sousa Loureiro
Rua Santa Matilde
R. Francisco Grandela
R. Major Neutel de Abreu
Travessa das Águas Boas
R. de São Domingos de Benfica
Rua de São Domingos de Benfica
Rua Raul Carapinha
Rua das Furnas
Largo Calouste Gulbenkian
Largo Madalena Perdigão
Travessa de São Domingos de Benfica
Sítio do Calhau
F. António Macedo
Rua Flor da Serra
R. Almirante Afonso Cerqueira
N
0
200 m
1
2
3
4
5
6
7

Tour 22

Avenidas Novas: das moderne Zentrum

mittel

Mercado de Arroios → Fonte Luminosa → Praça de Londres → Bairro Social Arco do Cego → *Culturgest → Biblioteca Municipal Central → Praça de Touros

Die Avenidas Novas bilden das Rückgrat des modernen Lissabon. Als sich die Stadt ab Ende des 19. Jh. auszubreiten begann, zog man breite Chausseen nach Pariser Vorbild vom Zentrum strahlenförmig stadtauswärts, um die neuen Flächen für die Bebauung zu erschließen. Gründerzeithäuser, edle Einkaufsstraßen, zahlreiche Kultureinrichtungen und einfache Straßencafés bestimmen heute das Flair der Wohnviertel.

Start: Ⓜ Arroios, grüne Linie
Ziel: Ⓜ Campo Pequeno, gelbe Linie
Wann: tagsüber

Während die Avenida da Liberdade eine edle Flaniermeile geworden ist (s. S. 80), entwickelte sich die östlich verlaufende Avenida Almirante Reis mit Umgebung zu einer multikulturellen Wohngegend für das einfachere Volk. Vor allem das Viertel Intendente hat schwer mit seinem Ruf als Unterschichtsviertel zu kämpfen. Rund um die Praça do Chile findet man wieder mittelständisches Leben: Im **Mercado de Arroios** ❶ (Di–Sa 7–14, Mo 8–13 Uhr) trifft man sich zum Gemüseeinkauf und Nachbarschaftsplausch. Das zwölfeckige Gebäude wurde 1942 eröffnet und entsprach damals den modernsten hygienischen Standards.

Ebenfalls in den 1940er-Jahren wurde die großzügige **Alameda Dom Afonso Henriques ❷**, eine Prachtallee mit riesigen Grünflächen, angelegt. An ihrem westlichen Ende befindet sich die technische Universität **Instituto Superior Técnico** mit ihren emblematischen schwarzen Türmen, an ihrem östlichen Ende leuchten am Abend die Fontänen des choreografierten Riesenspringbrunnens **Fonte Luminosa ❸**. Die typische Estado-Novo-Bauweise der Salazar-Diktatur ist in dieser Gegend unverkennbar.

Über die an den Seiten begrünte Einkaufsstraße Avenida Guerra Junqueiro gelangt man auf die **Praça de Londres ❹**. Auch hier dominiert die schnörkellose Architektur der 1940er-Jahre. Im Café-Restaurant **London Square** (Nr. 88, Mo–Sa 8–24 Uhr, ○) gibt es preisgünstige Salate und kleine Gerichte. Hinter der modernen **Igreja de São João de Deus** aus dem Jahr 1953 beginnt ein Wohnviertel, das für diese von Hochhäusern geprägte Gegend eher untypisch erscheint: Das **Bairro Social Arco do Cego ❺** entstand zwischen 1918 und 1935 als erstes Sozialbauviertel Lissabons. Kleine Ein- und Zweifamilienhäuser, alle ein bisschen unterschiedlich, säumen ein regelmäßiges Straßennetz. Inzwischen sind die einstigen Sozialwohnungen sehr beliebte Immobilien: zentral, ruhig und mit einer eigenen Viertelschule. Neben dieser niedrigen Bebauung wirkt das benachbarte postmoderne Hauptgebäude der Sparkasse **Caixa Geral de Depósitos** von 1993 monströs (Eingang Avenida João XXI 63, Mo–Fr 8.30–15 Uhr). In der bankeigenen Kulturstiftung *****Culturgest ❻** (Rua

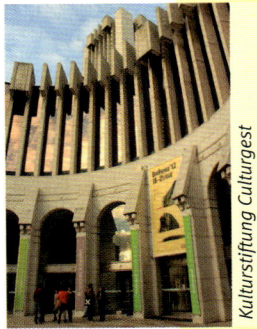

Kulturstiftung Culturgest

Arco do Cego, Mo, Mi–Fr 11–19, Sa–So 14–20 Uhr) finden regelmäßig Konzerte, Filmfestivals und andere anspruchsvolle Veranstaltungen statt. Die Galerie zeigt trimesterweise Ausstellungen zeitgenössischer Kunst.

Die **Biblioteca Municipal Central ❼**, die Lissabonner Stadtbibliothek, ist im edlen rosafarbenen Palácio Galveias aus dem 17. Jh. untergebracht. Einst das barocke Landhaus der Landgrafen von Távora, beherbergt das Palastgebäude heute neben der Bücherei den Ausstellungsraum **Galeria Palácio Galveias** (Di–Fr 10–13, 14–18, Sa–So 14–19 Uhr, Eintritt frei). Hier werden temporäre Kunst- und thematische Ausstellungen gezeigt. Im lauschigen Garten der Bibliothek lassen sich zwischen frei laufenden Pfauen und Azulejos am **Quiosque Galveias** (Mo–Fr 10–19, Sa–So 14–19 Uhr) kleine Gerichte und Getränke genießen.

Der »kleine Platz«, Campo Pequeno, wird dominiert von der **Praça de Touros ❽**, der Lissabonner Stierkampfarena, die 1892 im neomaurischen Stil eröffnet wurde und 8500 Besucher fasst. Hier finden neben den unblutigen portugiesischen Stierkämpfen auch Konzerte berühmter Musiker und Bands statt. Im Erd- und Untergeschoss sind Restaurants, Modegeschäfte sowie der madeirensische Supermarkt Sã untergebracht. Ein empfehlenswertes Restaurant ist **Rubro** (tgl. 12.30–24 Uhr, ○○) in einer der Südwest-Arkaden der Arena: Hier gibt es Tapas, iberische Grillspezialitäten und eine breite Weinauswahl.

Die Stierkampfarena

Tour im Anschluss: 23

Avenida João XXI
Areeiro
Pr. Francisco Sá Carneiro
L. Casal Vistoso
Praça de Touros
Rubro
Campo Pequeno
Biblioteca Municipal Central Quiosque Galveias
Caixa Geral de Depósitos
Culturgest
Ministério do Emprego e Segurança Social
Praça de Londres
London Square
Bairro Social Arco do Cego
Igreja de São João de Deus
São João de Deus
Praça Pasteur
Praça João do Rio
Avenida de Paris
Rua Actriz Virgínia
Av. Guerra Junqueiro
Avenida Almirante Reis
Alameda
Alameda Dom Afonso Henriques
Fonte Luminosa
UNO-City
Igreja Universal da Reina de Deus
Mercado de Arroios
Arroios
Praça do Chile
Arco do Gego
Instituto Superior Técnico
Casa da Moeda (Museu Numismático)
Ministério da Saude
Saldanha
Avenida da República
Avenida Barbosa du Bosage
Av. Elias Garcia
Avenida dos Defensores de Chaves
Rua Arco do Cego
Rua Dona Filipa de Vilhena
Rua Alves Redo
Avenida António José de Almeida
Av. do México
Avenida Manuel da Maia
Avenida Rovisco Pais
Rua Visconde de Santaré
Rua António Pereira Carrilho
Rua Quirino da Fonseca
Rua Augusto Machado
R. Lucinda do Carmo
0 200 m
N

Tour 23

Campo Grande: Universität und Umgebung

mittel

Jardim do Campo Grande → Biblioteca Nacional → Cidade Universitária → Museu Bordalo Pinheiro → *Museu da Cidade → Estádio de Alvalade

Im 14. Jh. versammelten sich auf dem »großen Feld« des Örtchens Alvalade die Soldaten. Heute spazieren Angestellte der umliegenden Bürohäuser und Studenten der Lissabonner Universität durch den lang gezogenen Park Campo Grande.

Start: Ⓜ Entrecampos, gelbe Linie
Ziel: Ⓜ Campo Grande, gelbe und grüne Linie
Wann: tagsüber, auch bei Regen, Museen Mo geschl.

In der Mitte des Kreisverkehrs der Praça de Entrecampos erinnert das zwischen 1908 und 1932 errichtete **Monumento aos Heróis da Guerra Peninsular** ❶ an die im Krieg gegen die napoleonische Invasion Anfang des 19. Jh. gefallenen Soldaten. Die Ausfallstraße Campo Grande wurde tiefergelegt, sodass beim Flanieren durch den bereits im 18. Jh. angelegten Park **Jardim do Campo Grande** ❷ der Verkehr nur im Hintergrund rauscht. Zwischen Ententeichen und Statuen, Kinderspielplätzen und Trimm-dich-Geräten lässt es sich im Schatten der Bäume gut aushalten. Angestellte in der Mittagspause picknicken, Studenten und

Mon. aos Heróis da Guerra Peninsular

verliebte Paare sitzen auf den Parkbänken und alle haben sich inzwischen damit abgefunden, dass das bereits halb verfallere Freibad in der Mitte der Parkanlage wohl so schnell nicht wieder eröffnen wird.

In der **Biblioteca Nacional** ❸ (Mo–Fr 9.30–19.30, Sa 9.30 bis 17 Uhr) lagern über 3 Mio. Bücher und Handschriften. Seit 1796 archiviert die Nationalbibliothek alle in Portugal publizierten Werke. Die meisten älteren Dokumente gingen 1755 bei den Bränden infolge des Erdbebens verloren, umso mehr Wert wurde anschließend auf die Erhaltung der Bücher und Schriftstücke gelegt. Das heutige Gebäude wurde 1969 im Stil der Estado-Novo-Architektur erbaut.

Biblioteca Nacional

Östlich des Campo Grande entstand ab den 1950er-Jahren der Campus **Cidade Universitária** ❹. Die Lissabonner Universität ist mit rund 37 000 Studenten die größte Hochschule Portugals. Am westlichen Ende der begrünten Alameda da Universidade befindet sich das 1960 errichtete Hauptgebäude mit der Aula Magna. Das Foyer ist mit prächtigen Mosaiken des Malers António Lino Pedras dekoriert. Westlich des Hauptgebäudes erstrecken sich die Sporteinrichtungen und die Mensa. Das südwestlich gelegene Hospital Santa Maria fungiert als Universitätsklinik. Vorbei an dem imposanten Marmorportal der **Faculdade de Letras**, in der seit 1958 Literatur-, Sprach- und Gesellschaftswissenschaften gelehrt werden, geht es in den moderneren Teil des Campus: Die naturwissenschaftliche **Faculdade de Ciências** ist erst 1985 aus der Innenstadt in die weißen Kuben gezogen. Im Café-Restaurant **O Mocho** (Campo Grande 35, Mo–Sa 7–23 Uhr, ○) treffen sich Studenten und

Dozenten zum Essen oder auf ein Feierabendbier. »O Mocho« bedeutet übrigens »der Kauz«.

Am nördlichen Ende des Campo Grande befinden sich zwei sehenswerte Museen. Im **Museu Bordalo Pinheiro** ❺ (Campo Grande 382, Di–Sa 10–18 Uhr, 1,50 €) sind Gemälde, Keramiken und pointierte Zeichnungen von Rafael Bordalo Pinheiro (1846–1905) zu sehen. Der ironische Lissabonner Karikaturist gab vor allem Tieren überspitzte menschliche Züge.

Das ***Museu da Cidade** ❻ (Campo Grande 245, Di–So 10–13, 14–18 Uhr, 2 €) im gut erhaltenen Landsitz Palácio Pimenta von 1748 stellt zwei Jahrtausende Stadtgeschichte bis zur Ausrufung der Republik im Jahr 1910 anschaulich dar. Stiche und Zeichnungen dokumentieren die Stadtentwicklung, historische Gebrauchsgegenstände erinnern an das Leben in den einzelnen Epochen. Besonders interessant ist das große Stadtmodell, das ein exaktes Abbild Lissabons vor dem Erdbeben 1755 zeigt. Im üppigen Garten flanieren Pfaue, im Pavillon finden oftmals Sonderausstellungen statt.

Das grün-gelbe **Estádio de Alvalade** ❼ (Führungen tgl. 11.30, 14.30, 16 Uhr, 7 €) wurde zur Europameisterschaft 2004 und als neues Vereinsstadion des Clubs Sporting gebaut. Unter der 52 000 Zuschauer fassenden Arena des umstrittenen Stararchitekten Tomás Taveira erstreckt sich ein Einkaufszentrum mit Kinos, Restaurants und dem Museum **Mundo Sporting** (Mo–Fr 11–18 Uhr, 8 €).

Estádio de Alvalade

Tour im Anschluss: 22

Estádio de Alvalade
7
Campo Grande
R. Actor António Silva
Rua do Fidié
Rodoviária
Avenida General Norton de Matos
Avenida Marechal Craveiro Lopes
5
Museu Bordalo Pinheiro
6
Museu da Cidade
Campo
Jardim do Campo
Hipódromo do Campo Grande
Universidade Lusófona
Rua das Murtas
R. Ernesto de Vasconcelos
Rua das Murtas
Azinhaga das Murtas
Faculdade de Ciências
O Mocho
Grande
Avenida do Brasil
Rua Lisboa-Cidade
Arquivo Nacional da Torre do Tombo
Campo Grande
Rua Afonso Lopes Vieira
R. José Lins do Rego
R. António Pusich
Faculdade de Letras
Alameda da Universidade
Cidade Universitária
Rua Doutor João Soares
4
Aula Magna
Faculdade de Psicologia
Colégio
Faculdade de Direito
Cidade Universitária
Jardim do Campo Grande
2
Universidade de Lisboa
Biblioteca Nacional
3
Odontología
Faculdade de Farmacia
Av. Professor Gama Pinto
Avenida Professor Anibal de Bettencourt
Instituto Superior de Ciências do Trabalho e da Empresa
Seminário Centro João Paulo II
Rua Helena Félix
Monumento aos Heróis da Guerra Peninsular
1
Entre Campos
N
0
200 m

Tour 24

Junge Familien in Campo de Ourique

mittel

Casa Fernando Pessoa → Jardim Teófilo Braga → Mercado Campo de Ourique → Igreja de Santo Condestável → *Cemitério dos Prazeres

Das hübsche Viertel Campo de Ourique ist seit dem ausgehenden 19. Jh. eine sehr beliebte Wohngegend. Im Schatten der begrünten Alleen schieben junge Akademikerinnen den Kinderwagen zur schönsten Lissabonner Markthalle. Der »Friedhof der Freuden« ist eine kleine Stadt für sich.

Start: Ⓗ Estrela, Straßenbahn E28
Ziel: Ⓗ Prazeres, Straßenbahn E28
Wann: tagsüber, Casa Pessoa Sa und So geschl.

Beim Streifzug durch die im Schachbrettmuster angeordneten Straßen fallen die vielen Kinderbekleidungs- und Spielzeuggeschäfte auf: Campo de Ourique ist ein junger Stadtteil mit einer blühenden Ladenszene. Im 18. Jh. gab es hier nur ein paar verstreute Häuser, Windmühlen und eine kleine Kapelle. Dann bauten die ersten Adligen ihre Villen »auf die grüne Wiese« und ab 1878 wurden schließlich die geometrischen Straßenzüge angelegt. Auch wenn der Stadtteil nicht an das Metronetz angeschlossen ist, bevorzugen es viele junge Familien, hier zu wohnen. Die Bausubstanz ist im Vergleich zu den Altstadtvierteln Lissabons sehr gut, es ist ruhig und grün. Am oberen Ende der Rua Domingos Sequeira beginnt die Rua Ferreira Borges, die grüne Hauptschlagader des Viertels. Im mit Azulejos dekorierten Café **A Tentadora** ❶ (Nr. 1), dt. »Die Verführerische«, gibt es Tee oder Kaffee zu hausgemachtem Gebäck.

Die erste Querstraße, Rua Coelho da Rocha, führt nach rechts zur **Casa Fernando Pessoa** ❷ (Nr. 16, Mo–Fr 10–18 Uhr, Eintritt frei), einer Art Pessoa-Kulturzentrum mit Bibliothek und Ausstellungsräumen. 15 Jahre lebte der berühmte Dichter in diesem Wohnhaus, bis er 1935 mit nur 47 Jahren an einer Lebererkrankung starb. Heute gilt Pessoa als einer der bedeutendsten Autoren des 20. Jh., zu Lebzeiten war er jedoch kaum bekannt. Erst acht Jahre nach seinem Tod fand man in dem Gebäude in zwei Holztruhen über 27 000 Seiten teils handschriftlicher Manuskripte, einen der größten Schätze der Literaturgeschichte.

Zurück auf der Allee flaniert man bis zur Rua de Infantaria Dezasseis und biegt links ab. Unter riesigen Eisenholzbäumen spielen im **Jardim Teófilo Braga** ❸ alte Männer Karten, schaukeln junge Mütter auf dem Spielplatz ihre Kinder oder lesen Studenten ein Buch auf der schattigen Parkbank.

In der Rua Coelho da Rocha 104A befindet sich das **Restaurante Coelho da Rocha** ❹ (s. Restaurants S. 135), das beste des Viertels, das mit seiner klassischen portugiesischen Küche auch Gäste aus entfernteren Stadtteilen anzieht. Direkt gegenüber öffnet der ***Mercado Campo de Ourique** ❺ vormittags seine Pforten (Mo bis Fr 7–14 Uhr). Die wohl schönste Markthalle Lissabons versorgt die Viertelsbewohner seit 1933 mit frischen Lebensmit-

Mercado Campo de Ourique

teln. Die moderne **Igreja de Santo Condestável** ❻ wurde 1951 während der Salazar-Diktatur gebaut, was man ihrer Architektur durchaus ansieht.

Die Rua Saraiva de Carvalho führt schnurgerade auf das von Zypressen flankierte Eingangsportal des ***Cemitério dos Prazeres** ❼ zu (tgl. 9–17, im Sommer bis 18 Uhr). Der »Friedhof der Freuden« besteht seit 1840, wurde aber wohl über einem großen Massengrab aus den Zeiten der Pestepidemie um 1600 errichtet. Der für einen Friedhof ungewöhnliche Name stammt vermutlich von einem ehemaligen Landgut an dieser Stelle. Wie eine kleine Stadt erschließt sich das Friedhofsgelände mit über 80 Quer- und Längsstraßen. Viele der Grabstätten muten wie kleine Paläste an, an denen eigentlich nur noch der Briefkasten fehlt. Durch die Gitterstäbe kann man in manche Gruft hineinschauen. Der Anblick der alten Särge mit Fotos, Häkeldeckchen und Andenken ist durchaus etwas schaurig. Auf vielen Gräbern finden sich Symbole verschiedener Glaubensrichtungen und Berufe. Eine wunderschöne Aussicht bietet sich vom **Talhão de Bombeiros** ❽, dem Gräberfeld der Lissabonner Feuerwehrmänner, am westlichen Ende des Friedhofs: Hier erstreckt sich das Tal von Alcântara mit dem Aquädukt zur Rechten und der Tejo-Brücke Ponte 25 de Abril zur Linken.

Touren im Anschluss: 14, 16

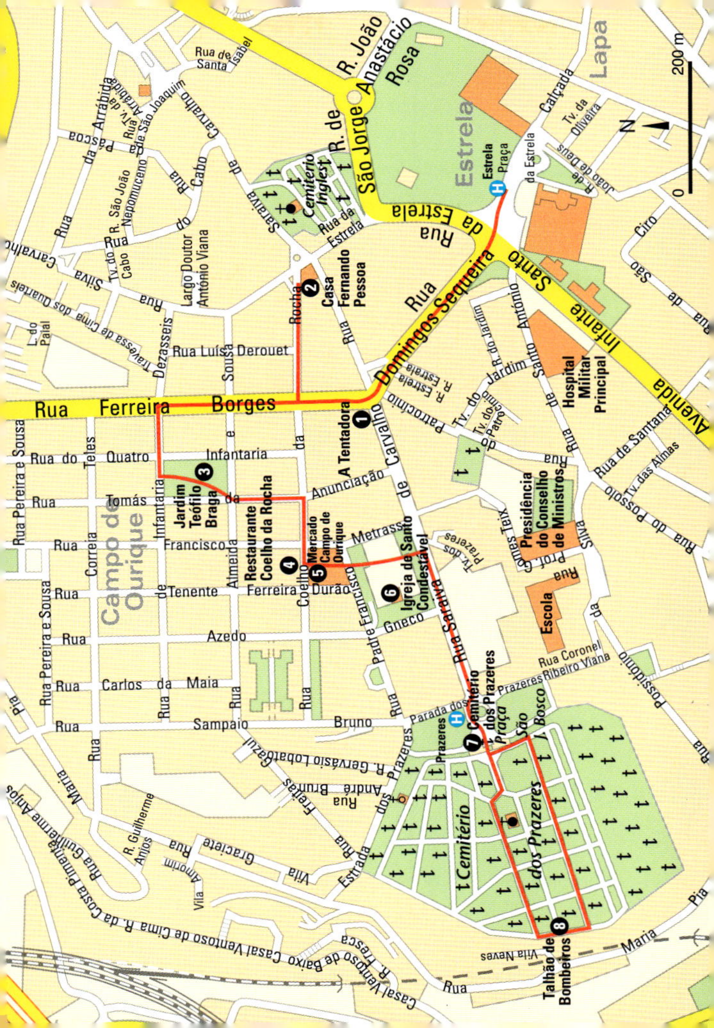

1 A Tentadora
2 Casa Fernando Pessoa
3 Jardim Teófilo Braga
4 Restaurante Coelho da Rocha
5 Mercado Campo de Ourique
6 Igreja de Santo Condestável
7 Cemitério dos Prazeres
8 Talhão de Bombeiros
Campo de Ourique
Estrela
Lapa
Cemitério Inglês
Cemitério dos Prazeres
Hospital Militar Principal
Presidência do Conselho de Ministros
Escola
Estrela Praça
Rua Ferreira Borges
Rua Domingos Sequeira
Rua da Estrela
Avenida Infante Santo
R. de São Jorge
R. João Rosa Anastácio
Rua Saraiva de Carvalho
Rua Coelho da Rocha
Rua Infantaria Dezasseis
Rua Almeida e Sousa
Rua Tomás da Anunciação
Rua Francisco Metrasso
Rua Tenente Ferreira Durão
Rua Azedo Gneco
Rua Carlos da Maia
Rua Sampaio Bruno
Rua do Quatro Infantaria
Rua Luís Derouet
Rua Pereira e Sousa
Rua Correia Teles
Rua Padre Francisco
Praça São J. Bosco
Parada dos Prazeres
Rua Coronel Ribeiro Viana
Rua do Possolo
Rua de Santana
Tv. das Almas
Rua Silva Carvalho
Calçada da Estrela
Tv. da Oliveira
Rua de Santa Isabel
Rua da Arrábida
Rua do Cabo
Largo Doutor António Viana
Travessa de Cima dos Quartéis
L. do Paial
Rua Maria Pia
Rua Guilherme Anjos
R. Guilherme Anjos
Rua Gervásio Lobato
Rua André Brunas
Rua Freitas Gazul
Estrada dos Prazeres
Vila Graciete
Vila Amorim
Rua da Costa Pimenta
R. da Costa Casal Ventoso de Cima
Casal Ventoso de Baixo
R. Fresca
Vila Neves
200 m
0
N

Tour 25

Alcântara: Industriekultur unter der Brücke

mittel

Estação Marítima de Alcântara → Docas de Santo Amaro → Ponte 25 de Abril → Centro de Congressos → Museu Macau → Museu Carris → LX Factory → Alcântara Café

Zwischen Containerkränen, Hafenspeichern und Kreuzfahrtschiffen und unter dem konstanten Surren der Autos auf der Tejo-Brücke Ponte 25 de Abril hat sich das einst heruntergekommene Hafenviertel Alcântara mit seinen Docks und umgebauten Industrieanlagen tagsüber zu einem lebhaften Viertel und nachts zu einem angesagten Hotspot gewandelt.

Start:	Ⓗ Alcântara, Straßenbahn E15
Ziel:	Ⓗ Alcântara, Straßenbahn E15
Wann:	tagsüber Bummeln, abends Tanzen

Beim Namen Alcântara dachten die meisten Lissabonner bis vor wenigen Jahren zunächst an Hafenanlagen und heruntergekommene Industrieareale im Schatten der Brücke Ponte 25 de Abril. In den 1940er- und 1950er-Jahren war der Name gleichbedeutend mit Abschied nehmen: In der inzwischen in die Jahre gekommenen **Estação Marítima de Alcântara** ❶ bestiegen während des Zweiten Weltkrieges Flüchtlinge Schiffe nach Amerika, sofern sie eine der wertvollen Passagen ergattern konnten. Später machten sich portugiesische Auswanderer von hier aus in die Neue Welt auf. Wenn heute die großen Kreuzfahrtschiffe anlegen, füllt sich der Platz vor dem Abfertigungsgebäude mit Ausflugsbussen für Stadtrundfahrten.

In den 1990er-Jahren begann im Yachthafen **Docas de Santo Amaro** ❷ die allmähliche Metamorphose des Tejo-Ufers: Aus den baufälligen Hafenspeichern wurden moderne Bars und Restaurants, die ersten Clubs siedelten sich an. Heute sind die Docas ein beliebtes Ziel für Nachtschwärmer, aber auch tagsüber lässt sich auf den Terrassen am Tejo hervorragend speisen – der freie Blick auf den Fluss entschädigt für das beständige Rauschen der Autos auf der **Ponte 25 de Abril** ❸. Seit 1966 verbindet die Brücke, die bis zur Nelkenrevolution 1974 noch Salazar-Brücke hieß, Lissabon mit dem Süden. Sie wurde rund drei Jahrzehnte nach ihrer großen Schwester in San Francisco fertiggestellt und gilt als monumentalstes Bauwerk der Salazar-Diktatur. Eine nette Adresse für Souvenirjäger in den Docas ist das Kunsthandwerksgeschäft **Espaço Docas** (s. Shopping S. 142). Nachts wird im **Havana** zu heißen Latino-Rhythmen getanzt (s. Nightlife S.146).

Direkt unter der Brücke hat sich der **Clube de Padel** niedergelassen. Auf vier modernen Plätzen kann man hier Padel, ein tennisähnliches Spiel mit Squashkomponenten, spielen. Auf dem Fahrradweg geht es weiter Richtung Belém bis zur nächsten Möglichkeit, die Bahngleise und die viel befahrene Uferstraße zu überqueren. Hier befinden sich das **Centro de Congressos de Lisboa** ❹ und die portugiesische Industrie- und Handelskammer. In der Rua da Junqueira 30 ist im Centro Científico e Cultural de Macau das **Museu Macau** ❺ (Di–So 10–18 Uhr, 3 €) untergebracht. In dem Kultur- und Forschungszentrum mit angeschlossenem Museum dreht sich alles um die ehemalige portugiesische Kolonie Macau und die Beziehungen zwischen Portugal und China. Die Sammlung chinesischer Kunst umfasst Objekte aus dem Neolithikum bis heute.

Auf dem Gelände der Lissabonner Verkehrsbetriebe lohnt das **Museu Carris** ❻ (Rua 1º de Maio 101, Mo–Sa 10–17 Uhr, 3 €) einen Besuch. Hier zeigt eine liebevoll gestaltete Ausstellung zur Geschichte der Lissabonner Straßenbahn von den alten Pferdewagen über die nostalgischen Eléctricos bis hin zu den modernen Trambahnen, die jedoch zu breit für die Fahrten durch die Altstadtviertel sind.

Einst lebten rund um den Largo do Calvário die Hafenarbeiter, heute ist die Gegend bei jungen Leuten »in«, und das liegt auch an der guten Nachtszene. Im ehemaligen Industrieareal unter der Brücke hat sich die **LX Factory** ❼ (Rua Rodrigues Faria 103) ausgebreitet, ein Zusammenschluss innovativer Restaurants, Bars und Clubs, aber auch jeder Menge kreativer Geschäftsideen von Modedesignern über Tonstudios bis hin zu Werbeagenturen. Sonntags findet von 11–18 Uhr der Second-Hand-Markt **LX Market** (s. Shopping S. 143) statt. Ein paar Straßenzüge weiter befindet sich zwischen wuchtigen Fabrikhallen das legendäre **Alcântara Café** ❽ (s. Restaurants S. 133), das zu den besten Restaurants der Stadt zählt. Das industrielle Design gepaart mit edler Nouvelle Cuisine zieht schon seit 1989 Besucher nach Alcântara.

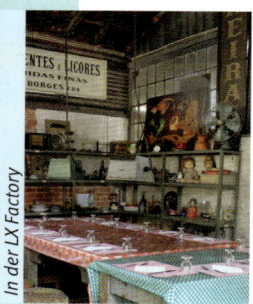

In der LX Factory

Tour im Anschluss: 16

Doca de Alcântara
Estação Marítima de Alcântara
1
Docas de Santo Amaro
2
Espaço Docas
Havana
3
Clube de Padel
Avenida Ponte 25 de Abril
Avenida da Ponte
Avenida 24 de Julho
Av. de Ceuta
de Cascais
Avenida da India
Avenida de Brasilia
Estação Alcântara-Mar
Alcântara/ 24 de Julho
Armada Ministério do Exército
Fundição Artemoderna
8
Alcântara Café
7
LX Factory
6
Museu Carris
5
Museu Macau
4
Centro de Congressos
Academia National de Orquestra
Feira Internacional de Lisboa
Instituto de Higiene e Medicina Tropical
Santo Amaro
Esc. de Santo Amaro
Hospital de São Francisco Xavier Psiquiatria
Calçada da Tapada
Rua da Indústria
Rua dos Lusíadas
Rua de Barros
Rua Jau
Rua Luís de Camões
Rua Filinto Elísio
Rua Gil Vicente
Rua João de Lemos
R. José Maria Rodrigues
Rua Agostinho de Campos
Rua Amadeu de Sousa Cardoso
Rua Pedro Calmon
Rua João de Soares de Passos
Calçada de Santo Amaro
Rua Academia Recreativa de Santo Amaro
Tv. do Conde da Ribeira
Travessa do Conde da Ribeira
Rua da Junqueira
Travessa do Conde da Ponte
Travessa da Galé
Tv. da Praia
Tv. do Pinto
Praça das Indústrias
Tv. da Guarda
Rua Primeiro de Maio
R. Primeiro de Maio
Rua Rodrigues Faria
Largo do Calvário
Largo das Fontainhas
Rua Fradesso da Silveira
Rua Maria Luísa Holstein
Rua da Cozinha Económica
Rua Leão de Oliveira
Rua José Dias Coelho
Rua de Fontainhas
Rua Vieira da Silva
Rua do Arc
Prior do Crato
Tv. da Trabuqueta
Rua Gilberto Rola
Praça da Armada
Tv. do Baluarte
N
0
200 m

Tour 26

Belém: im Zeichen der Entdecker

mittel

Confeitaria dos Pastéis de Belém → Mosteiro dos Jerónimos → Padrão dos Descobrimentos → Doca do Bom Sucesso → *Torre de Belém

Zurück in die Zeiten der portugiesischen Seefahrer und Entdecker: Das prachtvolle Hieronymuskloster zeugt von Portugals goldenem Zeitalter, das Entdeckerdenkmal erinnert an die Helden der Seefahrt und der Turm von Belém verzaubert mit seiner manuelinischen Architektur.

Start: Mosteiro Jerónimos, Straßenbahn E15
Ziel: Pedrouços, Straßenbahn E15
Wann: tagsüber, Sehenswürdigkeiten Mo geschl.

Zu Beginn dieses Spaziergangs auf den Spuren der portugiesischen Entdecker gibt es erst einmal eine Stärkung: Die leckeren Sahnetörtchen der **Confeitaria dos Pastéis de Belém** ❶ (Rua de Belém 84, tgl. 8–23 Uhr) schmecken warm am besten. Die berühmtesten Törtchen Portugals werden hier seit 1837 gebacken, nur die vier Chefkonditoren kennen das geheime Rezept, das ursprünglich im 18. Jh. von den Mönchen des Hieronymusklosters erfunden wurde. In dem weitläufigen, mit Azulejos geschmückten Café findet man fast immer einen Platz, und auch die lange Schlange vor der Verkaufstheke – täglich kaufen Einheimische

Pastéis de Belém

und Touristen bis zu 18 000 Pastéis de Belém – bewegt sich oft schneller als erwartet.

Das **Mosteiro dos Jerónimos** ❷ (Di–So 10–17, Sommer bis 18 Uhr, 7 €), das Hieronymuskloster, gehört zu den architektonischen Höhepunkten des Entdeckerzeitalters. Wo Anfang des 15. Jh. die portugiesischen Seefahrer in einer kleinen Marienkapelle für ihre Rückkehr von der Reise ins Unbekannte beteten, ließ König Manuel I. ab 1502 ein prachtvolles Kloster errichten. Der aufwendige Bau wurde durch die sogenannte Pfeffersteuer auf alle Gewürze finanziert, die nun Dank Vasco da Gama auf dem Seeweg aus Indien eingeführt wurden. Manuel I. vertraute das Kloster dem Hieronymitenrorden an, damit die Mönche für die weiteren Erfolge der Entdecker beteten. Als das monumentale Gebäude nach sieben Jahrzehnten Bauzeit fertig wurde, war das goldene Zeitalter bereits verblasst. Übrig blieb ein Meisterwerk aus hellem Kalkstein im Übergang der Spätgotik zur Renaissance, üppig dekoriert mit exotischen Symbolen aus der Seefahrerei. Heute nennt man diese Ornamenttechnik Manuelinik, benannt nach Manuel I. Vor allem im märchenhaften zweistöckigen Kreuzgang und in der elegantfiligranen Hallenkirche **Santa Maria** sind die manuelinischen Elemente zu bestaunen. Das Kloster wurde 1982 von der UNESCO zum Weltkulturerbe erklärt. In Seitenflügeln befinden sich das **Archäologische Museum** (Museu de Argueologia) und das **Marinemuseum** (Museu de Marinha).

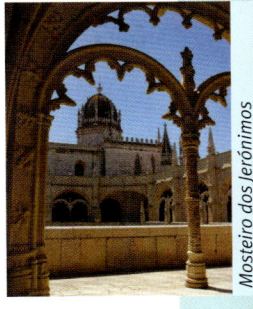

Wo sich heute die großzügige Parkanlage **Praça do Império** ❸ erstreckt, stachen vor fünf Jahrhunderten die portugiesischen Karavellen in See. Erst durch die allmähliche Versandung des Tejo-Ufers entstand hier ein Landsockel. Eine Fußgängerunterführung führt zum **Padrão dos Descobrimentos** ❹ (Di–So 10–18, im Sommer bis 19 Uhr, 3 €), einem pompösen Denkmal zu Ehren der Entdecker, das Diktator Salazar 1960 zum 500. Todestag des wichtigsten Pioniers der portugiesischen Seefahrt, Dom Henrique de Avis, errichten ließ. Auch wenn der als Heinrich der Seefahrer bekannte Königssohn nur einmal zur See fuhr, hat er im 15. Jh. doch dafür gesorgt, dass die portugiesischen Schiffe erfolgreich die Welt besegelten. Von der Aussichtsplattform bietet sich ein umwerfender Blick auf das Hieronymuskloster, den Tejo und die riesige marmorne Windrose auf dem Platz vor dem Denkmal, die 1960 von der Republik Südafrika gestiftet wurde.

Immer parallel zum Fluss geht es über den belebten Fuß- und Fahrradweg vorbei am Yachthafen **Doca do Bom Sucesso** ❺ zum meistfotografierten Wahrzeichen Lissabons: dem *****Torre de Belém** ❻ (Di–So 10–17, im Sommer bis 18 Uhr, 5 €). Der Turm wurde 1515 als Wachturm für den damaligen Hafen von Lissabon gebaut und ist ebenso wie das Hieronymuskloster üppig mit verspielten Elementen der Manuelinik dekoriert. Als Wehrturm kam er allerdings nur ein halbes Jahrhundert zum Einsatz. Als weiter westlich die mächtige Hafenfestung São Julião da Barra erbaut wurde, nutzte man ihn nur noch als Gefängnis und Zollstation. Er gehört auch zum UNESCO-Weltkulturerbe.

Tour im Anschluss: 27

200 m

N

1 Confeitaria dos Pastéis de Belém
Travessa dos
Tv. das Galinheiras
Mosteiro Jerónimos
Rua dos Jerónimos
2 Mosteiro dos Jerónimos
Santa Maria
Museu de Arqueologia
Museu de Marinha
Praça do Império
3 Praça do Império / Fonte Luminosa
Doca de Belém
Windrose
4 Padrão dos Descobrimentos
Avenida
Avenida Brasília
Avenida da India
Planetário Calouste Gulbenkian
Praça de Malaca
Rua Dom Lourenço de Almeida
Rua Dom Lourenço de Almeida
Francisco
Rua Dom Xavier de Almeida
Rua João Bastos
Rua Dias
Correira
Santa Maria de Belém
Museu de Arte Popular III
Restelo
Praça de Dio
Rua Francisco Vila
Bartolomeu
Bec. da Re
Universidade Moderna
Tv. da Saúde
Rua da Praia do Bom Sucesso
5 Doca do Bom Sucesso
Praça de Damão
Rua de Pedrouços
Pedrouços
L. Maria Isabel
Princesa
Rua da Praia de Pedrouços
Rua da Torre
Rua Actº da Torre
Santa Maria de Belém
Avenida
6 Torre de Belém
Forte do Bom Sucesso

Tour 27

Museumstour durch Belém

lang

*Museu da Electricidade → Museu Nacional dos Coches → Palácio de Belém → Jardim de Belém → Centro Cultural de Belém

Belém wartet mit vielen spannenden Museen auf und ist somit auch bei Regen ein gutes Besichtigungsziel. Im Elektrizitätsmuseum sind riesige Dampfkessel zu bestaunen, das Kutschenmuseum beherbergt die größte Sammlung edler Pferdekarossen und im Centro Cultural de Belém ist eine der wichtigsten privaten Kunstsammlungen untergebracht.

Start:	Ⓗ Estaçao Belém, CP-Vorortzug, gelbe Linie
Ziel:	Ⓗ Centro Cultural de Belém, Straßenbahn E15
Wann:	tagsüber, Museen Mo geschl.

Das ***Museu da Electricidade** ❶ (Di–So 10–18 Uhr, kein Eintritt) ist schon wegen seiner gelungenen Industriearchitektur des beginnenden 20. Jh. einen Besuch wert. Doch auch die alten Maschinenräume des großen roten Klinkergebäudes am Tejo-Ufer können seit 2006 besichtigt werden. Riesige Dampfkessel gewährleisteten ab 1919 die Stromversorgung Lissabons. Das Highlight für Kinder: eine interaktive Ausstellung, in der sie selbst mit elektrischen Phänomenen experimentieren können. Gelegentlich finden Gemälde- oder Fotoausstellungen statt, die zwar nichts

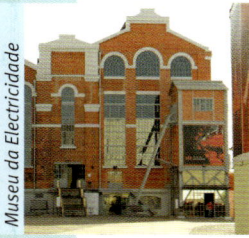

Museu da Electricidade

mit Elektrizität zu tun haben, aber hervorragend in das modern-industrielle Ambiente passen. Im Erdgeschoss und auf der Esplanade können sich hungrig gewordene Besucher vom In-Lokal **Amo.te Tejo** (s. Restaurants S. 133) verwöhnen lassen. Im rot-schwarz designten Speisesaal gibt es frische Salate, Sushi oder Nudelgerichte.

Viel Polemik gab es um den Neubau des Lissabonner Kutschenmuseums. Das **Museu Nacional dos Coches** ❷ (Di–So 10 bis 18 Uhr, 5 €), das seit 1905 im Gebäude der königlichen Stallungen des Palácio de Belém untergebracht ist, soll im Jahr 2013 in den monströsen weißen Neubau schräg gegenüber umziehen. Die zwei altehrwürdigen Stockwerke voller Kutschen sind zu eng für das meistbesuchte Museum Lissabons geworden. In der Tat ist eine einzigartige Sammlung königlicher, bischöflicher und aristokratischer Luxus-Pferdekarossen aus dem 17. bis 19.Jh. zu sehen. Vor allem die pompösen Barockkutschen aus dem 18. Jh. zeugen von goldenen Zeiten. Neben den Kutschen sind auch Sänften, Kinderwagen und andere hochherrschaftliche Transportmittel ausgestellt.

Museu dos Coches

Im rosafarbenen **Palácio de Belém** ❸ residieren seit 1910 die portugiesischen Staatspräsidenten, stets von adrett uniformierten Soldaten bewacht. Einst war der Palast ein königlicher Sommersitz vor den Toren der Stadt. Am 1. November 1755, dem Tag des Erdbebens, hielt sich die Königsfamilie glücklicherweise hier, und nicht in ihrem Stadtpalast in Lissabon auf – nur deshalb überlebte sie die Katastrophe. Im **Museu da Presidência da República** kann man sich über die bisherigen portugiesischen Präsidenten informieren, außerdem sind Staatsgeschenke, Orden und die präsidiale Kunstsammlung ausgestellt (Di–So 10–18 Uhr, 2,50 €). Im Rahmen einer Führung kann zusätzlich der Präsidentenpalast besichtigt werden (Sa 11–16, So 14.30–16 Uhr, 5 €).

Durch die belebte Parkanlage **Jardim de Belém** ❹ und über die anschließende **Praça do Império** ❺ gelangt man zum **Centro Cultural de Belém** ❻. Das im Volksmund nur CCB genannte Kulturzentrum sorgte seinerzeit ebenfalls wegen seiner an den nordafrikanischen Festungsbau angelehnten Architektur für Kontroversen. In nächster Nähe zum manuelinischen Hieronymuskloster entstand anlässlich der ersten portugiesischen EU-Ratspräsidentschaft 1992 ein Kulturkomplex mit Ausstellungs- und Veranstaltungsräumen. Die ebenfalls hier untergebrachte Kunstgalerie **Colecção Berardo** (tgl. 10–19, Sa bis 22 Uhr, Eintritt frei) zählt zu den wichtigsten privaten Kunstsammlungen der Welt. Der Madeirenser José Berardo wurde mit Goldfunden in Südafrika reich und investiert nach wie vor ein Teil seines Vermögens in Kunst und Kunstbildung. Auf drei Stockwerken sind Gemälde und Fotos vor allem des 20. Jh. ausgestellt. Anfänglich von vielen als hässlicher Klotz abgewertet, ist das CCB heute fest in der Lissabonner Kulturszene verankert und die kritischen Stimmen gegen die Architektur sind verhallt. In der **Cafetaria Quadrante** (❍) gibt es leckere Snacks mit schöner Aussicht auf den Tejo. In der Ladenzeile des Zentrums führt **Arte Periférica** (s. Shopping S. 138) feinste Farben für Profi- und Hobbymaler.

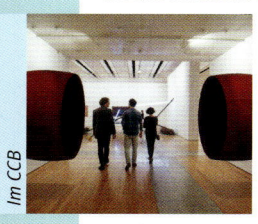

Im CCB

Tour im Anschluss: 26

Belém — Map

- **1** Museu da Electricidade
- **2** Museu dos Coches
- **3** Palácio de Belém
- **4** Jardim de Belém
- **5** Praça do Império
- **6** Centro Cultural de Belém

Key locations:
- Gare Marítima de Belém
- Biblioteca Municipal de Belém
- CP Estação Belém
- Estação Fluvial de Belém
- Porto Brandão
- Museu de Presidência da República
- Santa Maria
- Cafetaria Quadrante
- CCB
- Museu de Arte Popular
- Planetário Calouste Gulbenkian
- Jardim do Ultramar
- Doca de Belém

Streets:
- Rua Alexandre de Sá Pinto
- Travessa do Desembargador
- Travessa das Zebras
- Calçada da Ajuda
- Rua dos Jerónimos
- Rua Dom Lourenço de Almeida
- Avenida da Índia
- Avenida de Brasília
- Praça Afonso de Albuquerque
- Praça do Império
- Calçada do Galvão
- R. Vieira Portuense
- Rua de Belém
- R. da Est. Fluvial de Belém

Scale: 0 — 200 m

N ↑

Tour 28

Ajuda: Erinnerungen an die Monarchie

mittel

*Jardim Botânico de Ajuda → Fonte das 40 Bicas →
Palácio Nacional da Ajuda → Torre do Galo → Pastelaria
Coisas Caseiras

Als Lissabon nach dem großen Erdbeben 1755 in Schutt und Asche lag, ließ der damalige Minister Marquês de Pombal in Ajuda, damals ein ländlicher Vorort, ein provisorisches Holzgebäude für die Königsfamilie errichten und daneben einen Obst- und Gemüsegarten anlegen. Der Bau des prachtvollen Königspalastes von Ajuda begann 1802 und wurde nie fertig gestellt – das Ende der Monarchie kam dazwischen.

Start: 🚊 Calçada Ajuda-GNR, Straßenbahn E18
Ziel: 🚊 Rua Açucenas, Straßenbahn E18
Wann: tagsüber, Palácio Nacional da Ajuda Mi und Fei geschl.

König José I., der nach dem Erdbeben von 1755 nie wieder in einem Gebäude aus Stein leben wollte, bewohnte in Ajuda bis zu seinem Tod 1777 die sogenannte Real Barraca, die Königliche Hütte. Den benachbarten Nutzgarten verwandelten 1765 italienische Gartenbauarchitekten in die erste botanische Anlage Portugals. Auf der Calçada da Ajuda befindet sich der Eingang zum *Jardim Botânico da Ajuda ❶ (tgl. 10–17 Uhr, 2 €), in dem heute auf einer Fläche von 3,5 Hektar auf

Jardim Botânico Ajuda

zwei Ebenen Pflanzen aus fünf Kontinenten zu bestaunen sind. Ein besonders schöner und wohl 400 Jahre alter **Drachenbaum** ❷ aus Madeira wird von einer eigens für ihn entworfenen Stahlkonstruktion gestützt. Im Zentrum des Parks befindet sich der beeindruckende Brunnen **Fonte das 40 Bicas** ❸. Aus 40 Brunnenrohren in Form von Fischen, Seepferdchen und Schlangen sprudelt Quellwasser, das anschließend in die Bewässerung der Gartenanlage geleitet wird.

Drachenbaum

Die historischen Gewächshäuser werden unter anderem für die Aufzucht exotischer Pflanzen genutzt. Im königlichen Gewächshaus ist die **Estufa Real** (s. Restaurants S. 135), ein edles mediterranes Restaurant, eingezogen. Auf der angeschlossenen Esplanade kann man auch nur bei einem Kaffee die Aussicht auf die barocke Gartenpracht und den Tejo genießen. In dem Blumengeschäft **Viveiro das Naus** ❹ gibt es von Stecklingen über Palmen bis zu stilvoller Dekoration alles zu kaufen, was das Gärtnerherz begehrt.

An hohen Bäumen vorbei führt die ruhige Alameda dos Pinheiros zum Largo da Ajuda. Hier verstärken sich architektonische Gegensätze: Neben den winzigen Wohnhäusern am Platz erscheint der Königspalast noch eindrucksvoller. Weit sichtbar thront der imposante **Palácio Nacional da Ajuda** ❺ (Do–Di 10–17.30 Uhr, 5 €, im Februar meist geschl.) auf einem Hügel. 1802 begannen die Bauarbeiten für einen riesigen, klassizistischen Palast, die jedoch schon bald unterbrochen und verlangsamt wurden, weil die königliche Fa-

Palácio N. da Ajuda

milie 1807 vor den napoleonischen Truppen nach Brasilien flüchtete und bis 1821 von dort aus regierte. Im Laufe der Zeit trafen die einzelnen Monarchen persönliche Wohnortentscheidungen, sodass eigentlich nur die Königsfamilie unter Luis I. und seiner modebewussten italienischen Frau Dona Maria Pia ab 1862 tatsächlich im Palast lebte. Ein Saal nach dem anderen wurde verschwenderisch dekoriert, heute können 37 Säle auf zwei Stockwerken besucht und bewundert werden. Bemerkenswert sind die vielen wertvollen Uhren, die in allen Räumen zu finden sind. Die ursprünglichen Pläne wurden übrigens nie realisiert: Nur der Westflügel des einst monströs geplanten Komplexes wurde fertig gestellt. Das tödliche Attentat auf König Carlos I. und seinen Sohn Luis Felipe leitete 1908 das Ende der portugiesischen Monarchie ein. Dona Maria Pia lebte noch bis zur Einführung der Republik am 5. Oktober 1910 im Palast von Ajuda, bevor die noch verbleibenden Mitglieder der Königsfamilie Portugal verließen.

Innenraum Palácio Ajuda

Vorbei am freistehenden Hahnenturm, dem **Torre do Galo** ❻, noch ein Relikt aus der Zeit der »königlichen Baracke«, gelangt man auf die Calçada do Mirante à Ajuda. Auch hier wieder der für Ajuda so typische Gegensatz: auf der linken Seite die wuchtigen Palastwände, auf der rechten einfache Häuserfassaden. In der kleinen Viertelskonditorei **Pastelaria Coisas Caseiras** ❼ (Nr. 68) gibt es hausgemachte Törtchen und Gebäck.

Touren im Anschluss: 26, 27

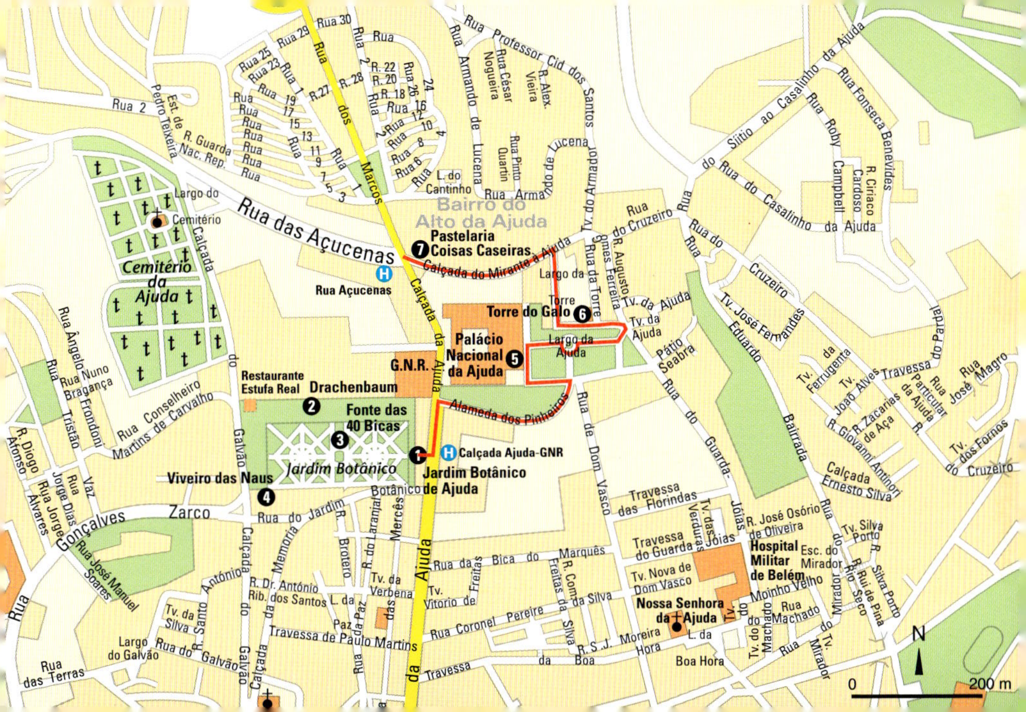
Bairro do Alto da Ajuda
Pastelaria Coisas Caseiras
Rua das Açucenas
Rua Açucenas
Calçada do Mirante à Ajuda
Calçada da Ajuda
Rua dos Marcos
Torre do Galo
Largo da Torre
Palácio Nacional da Ajuda
Largo da Ajuda
G.N.R.
Restaurante Estufa Real
Drachenbaum
Fonte das 40 Bicas
Jardim Botânico
Jardim Botânico de Ajuda
Calçada Ajuda-GNR
Viveiro das Naus
Alameda dos Pinheiros
Cemitério da Ajuda
Largo do Cemitério
Calçada do Galvão
Rua Gonçalves Zarco
Rua do Jardim Botânico
Rua de Dom Vasco
Rua do Guarda-Jóias
Rua Eduardo Bairrada
Rua do Cruzeiro
Rua do Casalinho da Ajuda
Sítio ao Casalinho da Ajuda
Rua Fonseca Benevides
Rua Roby Campbell
R. Ciriaco Cardoso
Rua Professor Cid dos Santos
Rua Armando de Lucena
Rua César Nogueira
R. Alex. Vieira
Rua Pinto Quartin
Tv. do Armador
Rua da Torre
R. Augusto Gomes Ferreira
Tv. da Ajuda
Pátio Seabra
Tv. José Fernandes
Travessa do Pardal
Hospital Militar de Belém
Nossa Senhora da Ajuda
Boa Hora
Travessa da Boa Hora
Rua Coronel Pereira da Silva
Rua da Bica do Marquês
Travessa das Florindas
Travessa do Guarda Jóias
Tv. Nova de Dom Vasco
Travessa de Paulo Martins
Rua Conselheiro Martins de Carvalho
Rua José Manuel Soares
Largo do Galvão
Rua das Terras
Est. de Pedro Teixeira
R. Guarda Nac. Rep.
Rua Ângelo
Rua Nuno Bragança
Rua Tristão Vaz
Rua Jorge Dias
Rua Jorge Álvares
R. Diogo Afonso
Rua Frondoni
Calçada Ernesto Silva
R. Giovanni Antinori
Rua Particular da Ajuda
Rua José Magro
Tv. dos Fornos do Cruzeiro
N
0
200 m

Tour 29

EXPO-Gelände: Parque das Nações

lang

*Gare do Oriente → Pavilhão do Conhecimento → *Oceanário → Jardim da Água → Pavilhão Atlântico → Torre Vasco da Gama → Feira Internacional de Lisboa

Für die Weltausstellung 1998 entstand im Osten der Stadt mit dem Parque das Nações ein neues Viertel, das heute von den Lissabonnern einfach nur EXPO genannt wird. Kultureinrichtungen, Bars und Restaurants, Grünanlagen und das Ozeanarium ziehen Einheimische und Besucher gleichermaßen an.

Start:	Ⓜ Oriente, rote Linie
Ziel:	Ⓜ Oriente, rote Linie
Wann:	tagsüber

Der Park der Nationen ist weit mehr als das ehemalige Gelände der Weltausstellung 1998, bei der sich das Thema »Ozeane – ein Erbe für die Zukunft« als roter Faden durch die Planung zog: Hier entstand auf über 300 Hektar ein neues Stadtviertel, in dem Yuppies und junge Familien wohnen, Unternehmen ihren Hauptsitz eröffnet haben, Lissabonner ihre Freizeit verbringen und Touristen die futuristische Architektur bestaunen. Dazu gehört vor allem der Fern- und Regionalbahnhof ***Gare do Oriente ❶**: Der spanische Stararchitekt Santiago Calatrava hat sich beim Bau der filigranen weißen Dachkonstruktion von Bäumen inspirieren lassen. Die Azulejos

Gare do Oriente

des U-Bahnhofs wurden u.a. von Friedensreich Hundertwasser gestaltet.

Durch die lichtdurchflutete **Passage Vasco da Gama**, die während der EXPO als Eingangsgebäude fungierte und danach zur Ladengalerie mit über 200 Geschäften umgebaut wurde, gelangt man auf die begrünte Alameda dos Oceanos, wo in regelmäßigen Abständen angeordnete Vulkane aus Keramik Wasser speien – wer daneben steht, kann schon mal nass werden! Das **Casino de Lisboa** ❷ (Mo–Do, So 15–3, Fr–Sa 16–4 Uhr) ist nicht nur eine elegante Spielhölle, sondern darüber hinaus auch Veranstaltungsort für Konzerte und kulturelle Events. Im hauseigenen Restaurant **Arena-Lounge** (○○) kann man stilvoll essen.

Im **Pavilhão do Conhecimento** ❸ (Di–Fr 10–18, Sa–So 11 bis 19 Uhr, 7 €) schräg gegenüber verbirgt sich rund um einen großen Innenhof eine Welt der Wissenschaften. Die Kräfte der Natur können spielerisch erforscht werden, die wechselnden Ausstellungen sind kindgerecht aufbereitet.

Ein faszinierendes Unterwasserparadies bietet das *****Oceanário** ❹ (Doca dos Olivais, tgl. 10–19, im Sommer bis 20 Uhr, 13 €, mit Sonderausstellung 16 €). In dem quadratischen Bau des Architekten Peter Chermayeff sind über 15 000 Meeresbewohner zu bestaunen, von Seepferdchen bis zu riesigen Manta-Rochen und Riffhaien. Neben dem gigantischen Zentraltank, der das offene Meer repräsentiert, sind vier verschiedene Küstenregionen dargestellt: In der Abteilung Antarktis tummeln sich z.B. putzige Pinguine, im Pazifikbecken eine beliebte Seeotterfamilie.

Oceanário

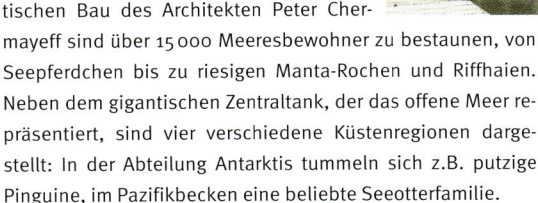

Der sich anschließende **Jardim da Água** ❺ lädt zum Experimentieren mit Wasserläufen, Mühlen, Kurbeln und anderen Holz- und Metallgeräten ein. Daneben befindet sich das **Teatro Camões**, das sich zum wichtigsten portugiesischen Balletttheater entwickelt hat.

Der **Passeio das Tágides** führt über das Wasser zurück und bietet einen spektakulären Blick auf die postmoderne Skyline der EXPO. Besonders imposant ist die Seitenansicht des **portugiesischen Pavillons**: Architekt Álvaro Siza Vieira hat die hauchdünne Betondecke wie ein Segel zwischen die zwei Gebäudeteile gespannt.

Der **Pavilhão Atlântico** ❻ ist Lissabons größte Mehrzweckhalle, hier finden Konzerte und große Sportveranstaltungen mit bis zu 15 000 Besuchern statt. Die Gebäudeform erinnert von außen an eine Miesmuschel, das Innere ahmt mit seinen Holzbögen den Rumpf einer portugiesischen Karavelle nach.

Im Klanggarten **Canto da Música** schlagen und hüpfen kleine Musikanten an Xylofonen und Triangeln mehr oder weniger melodische Töne. Hier beginnt die Gartenanlage **Jardim Garcia de Orta** ❼. Mal karg, mal üppig, so waren die Landschaften, die die Portugiesen auf ihren Entdeckungsreisen vorfanden und die hier exemplarisch dargestellt sind.

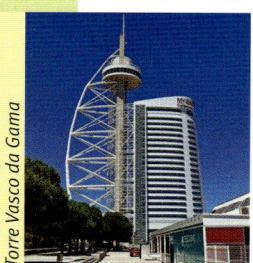

Am 140 m hohen **Torre Vasco da Gama** ❽ mit dem Luxushotel Myriad endet das Expo-Gelände und beginnt das weitläufige Naherholungsgebiet Parque do Tejo. Parallel zu den vier Messehallen der **Feira Internacional de Lisboa** ❾ erstreckt sich an der Rua da Pimenta die Restaurant- und Barmeile der EXPO.

Torre Vasco da Gama

Porta Norte
Torre 8 Vasco da Gama
Hotel Myriad
Moscavide
Avenida do Atlantico
Avenida do Atlantico
Bojador
Jardim
Parque
Rua do
7
Garcia
de Orta
Rua Câmara Reis
em construção
Estrada de Moscavide
Largo Ramada Curto
Passeio do Cantábrico
Avenida Dom João II
Rua do Mar da China
Rua do Polo Norte
Rua do Mar Vermelho
Alameda dos Oceanos
Feira Internacional de Lisboa
9
Bojador
Canto da Música
Rua do
Parque das Nações
das
Avenida do Indico
Pavilhão Atlântico
6
Olivais
Oriente
Gare do Oriente
1
Centro Comercial Vasco da Gama
Presidência do Concelho de Ministros
Rossio dos
Porta Fluvial
Avenida do Pacifico
Pavilhão de Portugal
Passeio das Tágides
Báltico
R. do Caribe
Rua do Pólo Sul
2
Casino de Lisboa
Doca dos Olivais
Caminho da Costa
Nações
Rua do Mar do Norte
Pavilhão de Portugal
Oceanário
4
Passeio do
Av. de Mediterrâneo
3
Pavilhão do Conhecimento
Esplanada Dom Carlos I
Área de Laser
5
Jardim da Água
N
Travessa do Poço
Av. de Ulisses
Teatro Camões
0
200 m

Tour 30

Cacilhas: Traumblicke auf Lissabon

lang

Fragata Dom Fernando II. e Glória → Restaurante Ponto Final → Elevador da Boca do Vento → Igreja e Convento de São Paulo → *Santuário Nacional de Cristo Rei

Die Stadt Almada liegt auf dem südlichen Tejo-Ufer, viele Einwohner pendeln täglich mit der Fähre nach Lissabon zur Arbeit. Cacilhas ist ein Stadtteil Almadas und war einst das Zentrum des portugiesischen Schiffbaus. Auch wenn manche Straßen etwas heruntergekommen aussehen – von dieser Tejo-Seite aus gibt es die besten Ausblicke. Die Aussichtsplattform des Cristo Rei ist ideal für einen Rundumblick auf Lissabon und Umgebung.

Start: Ⓜ Cais do Sodré, grüne Linie/Fährhafen
Ziel: Ⓜ Almada, grüne und rote Linie/Fährhafen
Wann: tagsüber, bei guter Sicht

Inzwischen sind die großen Werften von Cacilhas nach Setúbal umgezogen, zurück blieb das riesige Stahlportal der ehemaligen Trockendockanlage Lisnave. In einem der Werftbecken liegt heute die **Fragata Dom Fernando II. e Glória** ❶ (Besichtigung Di–So 10–17 Uhr, 3 €), ein großartiges Dreimastsegelschiff der portugiesischen Marine, das ab 1843 zwischen der indischen Kolonie und dem Mutterland verkehrte, teilweise mit über 600 Personen an Bord. Es diente zuletzt auch als Schulschiff der Marine. 1963 wurde es durch einen Brand zerstört, zur EXPO 1998 jedoch wieder instand gesetzt. An Bord stellen einige Szenen das Leben auf dem Schiff nach.

Entlang verfallener Speicherhäuser und ehemaliger Industriehallen geht es über die Rua do Ginjal immer am Fluss entlang zum **Restaurante Ponto Final** ❷ (Mi–Mo, 12–24 Uhr, s. Restaurants S. 137). Man erwartet tatsächlich, dass es hier nicht mehr weitergeht – doch dann erscheint plötzlich dieses wunderbare Lokal. Im originell dekorierten Innenraum ist es gemütlich, doch die beliebtesten Tische sind draußen, denn der Blick auf Lissabon und die Brücke ist einfach einmalig. Sehr empfehlenswert: gegrillter Fisch oder Arroz de Tamboril (Seeteufelreis).

Restaurante Ponto Final

Der Aufzug **Elevador da Boca do Vento** ❸ verbindet die Uferpromenade mit dem historischen Ortszentrum von Almada. Alternativ kann man auch den Treppenweg hinaufsteigen. In das ehemalige öffentliche Waschhaus direkt neben der Bergstation des Aufzugs ist die beliebte Pizzeria **Pizza no Patio** (Largo da Boca do Vento, ○○) eingezogen.

Vorbei an der **Câmara Municipal de Almada** ❹, dem Rathaus von Almada, geht es auf die Hauptstraße des Zentrums, die Rua Capitão Leitão. Hier befinden sich auch die Einrichtungen des Kulturvereins **Sociedade Filarmónica Incrível Almadense.** Von Diskussionsrunden über Proben der Musikkapelle und Kinovorstellungen – seit 1848 treffen sich hier die Einwohner Almadas. Rund um den Platz **Largo José Ala-**

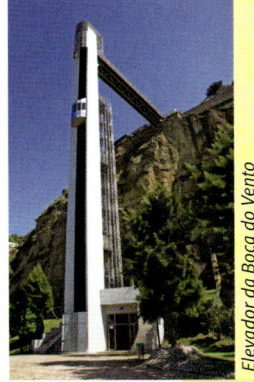

Elevador da Boca do Vento

iz ❺ mit dem hübschen Brunnen gibt es ein paar Bars und Cafés. Eine Stärkung lohnt sich, denn nun beginnt ein ausgedehnter Spaziergang zum Wahrzeichen Almadas, dem Cristo Rei.

Der Weg führt zunächst über die Rua Conde Ferreira hinauf zur **Igreja e Convento de São Paulo** ❻. Im 16. Jh. wurden die Grundmauern dieses Klosters errichtet, im 18. Jh. gab es barocke Veränderungen. Heute ist hier das Priesterseminar der Diözese Setúbal untergebracht.

Vorbei an einfachen Wohnhäusern in der Rua Fernão Lourenço gelangt man auf die Avenida Cristo Rei, in einem großen Schlenker führt sie hinauf zum ***Santuário Nacional de Cristo Rei** ❼ (tgl. 9.30–18 Uhr, 5 €). Auf einem 82 m hohen Betonsockel steht die 28 m große Christusfigur. Das Monument wurde von 1949 bis 1959 gebaut und verdankt seine Entstehung einem Gelübde der portugiesischen Bischofskonferenz aus dem Jahr 1940: Sollte Portugal den Zweiten Weltkrieg unbeschadet überstehen, wollte man zum Dank eine Christusstatue aufstellen. Seitdem hält »König Christus« seine ausgebreiteten Arme schützend über Almada und Lissabon. Im unteren Bereich der Säule befindet sich eine Kapelle. Die Fahrt mit dem Aufzug zur Aussichtsplattform lohnt sich: Der Blick über Lissabon, die Brücke und manchmal sogar bis zur Serra da Arrábida ist einfach einzigartig.

Touren im Anschluss: 13, 15

Santuário Nacional de Cristo Rei

- 1 Fragata Dom Fernando II e Glória
- 2 Restaurante Ponto Final
- 3 Elevador da Boca do Vento
- 4 Câmara Municipal de Almada / Pizza no Pátio / Soc. Filarmónica Incrível Almadense
- 5 Largo José Alaiz
- 6 Igreja e Convento de São Paulo
- 7 Santuário Nacional de Cristo Rei

Fähre Cacilhas

Teatro Municipal de Almada

Almada (M)

Die meisten Lissabonner Hotels, vor allem die großen Vier- und Fünf-Sterne-Häuser, befinden sich entlang der Avenidas Novas und westlich des Parque Eduardo VII. In der Altstadt gab es traditionell nur einfache Pensionen und ein paar wenige gute Hotels. Heute ändert sich das Bild: Neben vielen hochwertigen Hostels eröffnen auch kleine Boutique-Hotels in restaurierten Häusern im Zentrum.

Bairro Alto Hotel (Bairro Alto)
Praça Luis de Camões 2, Tel. 213 40 82 88, www.bairroalto hotel.com, ○○○
Das Boutique-Hotel in einem restaurierten Altstadthaus von 1845 bietet 55 stilvolle Zimmer. Der Lärm bleibt trotz zentraler Lage draußen, denn die Fenster sind doppelt verglast. Von der Barterrasse gibt es eine grandiose Aussicht auf den Tejo.

Casa de Hóspedes Lavra Guest House (Santana)
Calçada Santana 198A, Tel. 218 82 00 00, www.lavra.pt, ○
Das hübsch renovierte Herrschaftshaus aus dem 18. Jh. wurde zu einem gemütlichen Gästehaus mit 28 Zimmern umgestaltet. Die massiven Steintreppen erinnern noch an die Vergangenheit. Der Aufstieg auf den Santana-Hügel belohnt mit einer ruhigen Lage. Von der Terrasse des Penthouse-Zimmers im 3. Stock gibt es einen tollen Rundumblick.

Inspira Santa Marta (Avenidas Novas)
Rua de Santa Marta 48, Tel. 210 44 09 00, www.inspira hotels.com, ○○
Das 2010 eröffnete Vier-Sterne-Hotel liegt sehr zentral in einer Parallelstraße zur Avenida da Liberdade. Das ökologische Konzept des Hauses bietet von im Feng-Shui-Stil mit nachhaltigen Materialien eingerichteten Zimmern bis zur gehobenen Bioküche. Im Wellnessbereich verzaubert eine Tempelatmosphäre.

Lapa Palace (Lapa, Tour 16, S. 70)
Rua do Pau da Bandeira 4, Tel. 213 94 94 94, www.olissippo hotels.com, ○○○
In den herrschaftlichen Palast von 1870 im Diplomatenviertel Lapa ist 1992 eines der luxuriösesten Hotels Lissabons eingezogen. Die 109 Suiten und Zimmer sind mit edlen Accessoires ausgestattet, in den Bädern schmücken Azulejos die Wände. Großer Garten mit Pool, Spa-Bereich und Fitnesscenter.

Lisbon Lounge Hostel (Baixa)
**Rua do Crucifixo 116, 2º, Tel. 213 46 10 78, www.living
loungehostel.com,** ○

Mit dem »Hostelworld Hoscar Award« ausgezeichnetes Hostel in der Baixa. Neben den hellen Schlafsälen gibt es von Künstlern eingerichtete Einzel- und Doppelzimmer. Gemeinschaftsküche und -räume, leckeres Abendessen auf Bestellung.

Lissabon-Altstadt-Ferienwohnungen (Alfama)
www.lissabon-altstadt.de, ○–○○

Aus einer gemeinsamen Leidenschaft eines deutsch-portugiesischen Paares für das Renovieren alter Wohnungen ist eine erfolgreiche Ferienhausvermietung geworden: Inzwischen stehen über 130 liebevoll ausgebaute und eingerichtete Wohnungen, vor allem in den historischen Altstadtvierteln Lissabons zur Auswahl. Mit ganz normalen Nachbarn inklusive!

Mundial (Baixa)
**Praça Martim Moniz 2, Tel. 218 84 20 00, www.hotel-
mundial.pt,** ○○

Das einzige Großhotel im Stadtzentrum hat 350 Zimmer und wird häufig von Veranstaltern gebucht. Die äußerst zentrale Lage zwischen Martim Moniz und Praça da Figueira entschädigt für die vielleicht nicht ganz romantische Atmosphäre. Eine einzigartige Aussicht auf die Stadt bietet sich von der Rooftop-Bar auf der Dachterrasse.

Myriad (EXPO-Gelände)
Cais das Naus, Tel. 211 10 76 00, www.myriad.pt, ○○○
Das neueste Flaggschiff der exklusiven Hotellerie in Lissabon ist das 2012 eröffnete Hotel Myriad der Sana Gruppe. Es wurde in Form eines Segels an den Vasco-da-Gama-Turm des EXPO-Geländes angebaut und ragt nun wie ein Schiff in den Tejo hinein – die Ausblicke sind fantastisch. Die 186 Suiten und Zimmer sind mit originellem Design individuell eingerichtet. Entspannend: Spa-Bereich mit Indoor-Pool.

Pensão Praça da Figueira (Baixa)
Travessa Nova de São Domingos 9, 3º esq., Tel. 213 42 43 23, www.pensaopracadafigueira.com, ○
In den oberen Stockwerken eines historischen Hauses an der Praça da Figueira bietet die familiäre Pension vor allem eine fantastisch zentrale Lage. Die Zimmer sind zweckmäßig, sauber und hell. Es gibt kein Frühstück, aber in den umliegenden Cafés am Rossio lässt es sich gut frühstücken.

York House (Lapa, Tour 16, Seite 68)
Rua das Janelas Verdes 32, Tel. 213 96 24 35, www.yorkhouselisboa.com, ○○
Das Kloster der Barfüßigen Karmeliterinnen aus dem 17. Jh. ist heute ein exklusives Boutique-Hotel mit 32 Zimmern, von denen sieben im historischen Stil eingerichtet wurden. Im ehemaligen Klostergarten lässt sich die Teatime genießen.

Restaurants

Lissabon bietet eine schier unendliche Auswahl an Restaurants: von einfachen typischen Tascas, sogar manchmal mit Fado-Begleitung, bis hin zu edlen Sterne-Restaurants. Neben der deftigen traditionellen portugiesischen Küche, die vor allem aus Fleisch- und Fischgerichten besteht, gibt es viele Einflüsse aus den ehemaligen afrikanischen Kolonien, aber auch aus der asiatischen und brasilianischen Kochkunst.

1640 (Lapa, Tour 16, S. 69)
Rua do Conde 34–38, Tel. 218 26 28 85, So geschl., ○○
Kleines, aber feines Restaurant mit romantischem Ambiente. Der junge renommierte Küchenchef Tiago Duarte zaubert kreative Gerichte wie Sardinen-Bruschetta, Hühnchen-Confit mit Orangen-Chutney oder Garnelen-Risotto.

Alcântara Café (Alcântara, Tour 25, S. 106)
Rua Maria Luísa Holstein 15, Tel. 213 63 71 76, www.alcantaracafe.com, ○○○

In einer ehemaligen Fabrikhalle hat sich ein mit schweren Samtvorhängen, deckenhohen Spiegeln und klassischen Skulpturen dekorierter Gourmetpalast etabliert. Nouvelle Cuisine in theatralischer Atmosphäre!

Amo.te Tejo (Belém, Tour 27, S. 113)
Museu da Electricidade, Avenida de Brasília, Tel. 213 64 06 27, www.amote.pt, Mo geschl., ○○

Ins Erdgeschoss des Elektrizitätsmuseums ist ein Ableger der angesagten Amo.te-Lokale eingezogen. Modernes Design in Rot, Schwarz und Weiß, eine dem Fluss zugewandte Terrasse und eine große Auswahl an frischen Salaten, Sushi oder Nudelgerichten begeistert vor allem ein junges Publikum.

Cantinho do Aziz (Mouraria, Tour 4, S. 22)
Rua de São Lourenço 3–5, Tel. 218 87 64 72, www.cantinhodoaziz.com, So geschl., ○

Das Ambiente des mosambikanischen Restaurants in dem multikulturellen Viertel Mouraria ist sehr schlicht, aber das Garnelen-Curry oder die mit Erdnüssen verfeinerten Hühnerkreationen füllen allabendlich den weiß gekachelten Raum.

Cantinho da Vila (Kathedrale, Tour 2, S. 14)
Largo do Limoeiro 2, Tel. 962 95 76 27, Mi geschl., ○

Das kleine Bistro im Herzen der Altstadt verzaubert mit brasilianischen Köstlichkeiten wie *feijoada* (Bohnen-Fleisch-Ein-

Restaurants

topf), *pão de queijo* (Brot aus Maniokstärke und Käse) und der leckersten Caipirinha der Stadt. Dazu gibt es von Donnerstag bis Sonntag ab 16 Uhr sanfte brasilianische Livemusik.

Casa do Alentejo **(Santana, Tour 8, S. 38)**
Rua das Portas de Santo Antão 58, Tel. 213 40 51 40,
www.casadoalentejo.pt, ○

Der edle Palast aus dem 17. Jh. gehört dem Verein der Immigranten aus der Südprovinz Alentejo und ist ein wahres Schmuckstück inmitten der Restaurantmeile. Durch den neomaurischen Patio und über die großzügige Treppe gelangt man zum eleganten Festsaal und zum kleinen Restaurant. Hier gibt es köstliche alentejanische Gerichte, dazu Rotweine der Region – und das zu gar nicht palastähnlichen Preisen.

Cervejaria Ribadouro **(Avenida, Tour 19, S. 81)**
Av. da Liberdade 155, Tel. 213 54 94 11, www.cervejaria
ribadouro.pt, ○○

Seit 1947 ist das Traditionslokal in direkter Nachbarschaft zum Parque Mayer die beste Adresse für frische Meeresfrüchte wie Hummer, Langusten, Muscheln und Tintenfisch. Darüber hinaus werden traditionelle Bacalhau-Gerichte (Stockfisch) und Steaks serviert. An Sonntagen ist das Lokal bei portugiesischen Familien sehr beliebt.

Coelho da Rocha (Campo de Ourique, Tour 24, S. 101)
Rua Coelho da Rocha 104, Tel. 213 90 08 31, So geschl., ○○
Das urige Lokal mit Holztischen und azulejoverzierten Wänden verwöhnt seine Besucher mit klassischer portugiesischer Küche. Vor allem die Fisch- und Meeresfrüchtegerichte sind berühmt, aber auch die typischen Nachtischkreationen wie Schokoladen- oder Maracujamousse.

Eleven (Parque, Tour 19, S. 82)
Rua Marquês Fronteira, Jardim Amália Rodrigues, Tel. 213 86 22 11, www.restauranteleven.com, So geschl., ○○○
Wegen der fantastischen Aussicht auf die Stadt, aber vor allem wegen der mit Michelinstern gekrönten Küche gilt das Eleven als bestes Restaurant Lissabons. Der deutsche Starkoch Joachim Koerper verwöhnt seine Gäste mit edlen und raffinierten Kreationen wie iberischem Schwein mit Brunnenkresse, Confit-Kartoffeln und Weinsoße.

Estufa Real (Ajuda, Tour 28, S. 117)
Jardim Botânico da Ajuda, Calçada do Galvão, Tel. 213 61 94 00, www.estufareal.com, Sa geschl., ○○○
Inmitten des barocken botanischen Gartens von Ajuda serviert das gehobene Restaurant Estufa Real in einem Gewächshaus aus dem 18. Jh. schmackhafte Mittagbuffets. Es wird vor allem Wert auf saisonales Gemüse und Kräuter gelegt. Sonn- und Feiertags gibt es ein reichhaltiges Brunchbuffet.

Restaurants

Lost In (Bairro Alto, Tour 17, S. 73)
**Rua Dom Pedro V 56, Tel. 917 75 92 82, www.lostin.com.pt,
So geschl.,** ○○

Das Esplanadenrestaurant Lost In bietet neben einer fantastischen Aussicht eine äußerst gemütliche Atmosphäre im indisch-orientalischen Stil und dazu leckere Snacks und Currygerichte. Gemütliche Sitzecken und sogar ein paar Betten stehen auf der Terrasse. Wenn es kalt wird, gibt es eine Decke. Im Innenraum hängen bunte Tücher und Schuhe an den Wänden. Donnerstagabends Live-Jazz!

Pateo 13 (Alfama, Tour 1, S. 10)
**Calçadinha de Santo Estevão 13, Tel. 218 88 23 25, Mo
geschl., nur im Sommer,** ○

Auf einem lauschigen Hof zwischen den alten Gemäuern der Alfama öffnet in den Sommermonaten das Open-Air-Restaurant Pateo 13. Es gibt vor allem Spezialitäten vom Grill, besonders zu empfehlen sind die gegrillten Sardinen. Die Bedienungen sind flott und freundlich, die Gerichte köstlich und die Atmosphäre an einem lauen Sommerabend einzigartig.

Ponto Final (Cacilhas, Tour 30, S. 125)
Rua Ginjal 72, Almada, Tel. 212 76 07 43, Di geschl., ○○
Die Anreise mit der Fähre zum Restaurant auf dem Südufer des Tejo ist ein beliebter Ausflug der Lissabonner. Die Aussicht auf die Hauptstadt von der Restaurantterrasse ist einmalig, der Blick schweift von Belém bis zur Vasco-da-Gama-Brücke. Die typischen portugiesischen Gerichte, vor allem die Fischkreationen, sind köstlich. Und der Innenraum ist so witzig und kunstvoll gestaltet, dass selbst der Toilettenbesuch zum Erlebnis wird.

Tagide (Chiado, Tour 11, S. 50)
Largo Academia Nacional de Belas Artes 18–20, Tel. 213 40 40 10, www.restaurantetagide.com, So und Mo geschl., ○○
Am Rande des Chiado-Viertels, neben der Kunsthochschule und mit einer grandiosen Aussicht über die Baixa, gibt es ein vornehmes Restaurant mit ausgefallener mediterraner Küche, einer exzellenten Weinauswahl und romantischer Stimmung – und dennoch zu erschwinglichen Preisen.

Toma-lá-dá-cá (Bica, Tour 13, S. 58)
Travessa do Sequeiro 38, Tel. 213 47 92 43, So geschl., ○
In einer kleinen Seitengasse der Bica befindet sich dieses nette familiäre Restaurant. Die Gerichte sind typisch portugiesisch, ausgesprochen lecker und reichlich. Und es gibt einen hervorragenden »Cheesecake« zum Nachtisch! Freundliche Bedienung, angenehme Atmosphäre, günstige Preise – und deshalb immer gut gefüllt.

Shopping

Die meisten Geschäfte öffnen von 10 bis 20 Uhr, in den Einkaufszentren sogar bis 22 Uhr. Nur kleine familiäre Boutiquen schließen für eine einstündige Mittagspause.

A Arte da Terra (Kathedrale, Tour 2, S. 14)
Rua de Augusto Rosa 40, Tel. 212 74 59 75, www.aarteda terra.pt
Im Gewölbekeller unterhalb des Museu do Teatro Romano ist dieser naturorientierte Kunsthandwerksladen eingezogen. Zwischen Ausstellungen und Baumwurzeln finden sich anspruchsvolle Souvenirs und hübsche Geschenke.

Arte Periférica (Belém, Tour 27, S. 114)
Centro Cultural de Belém, Lojas 3 e 5, Tel. Tel. 213 61 71 00, www.ccb.pt/sites/ccb/pt-PT/Lojas/

Dieser Laden für Künstlerbedarf ist eines von mehreren hochwertigen Geschäften in der kleinen Ladenzeile des CCB. Hier gibt es alles, was das Künstlerherz begehrt, von Öl- und Acrylfarben über Rahmen und Pinsel bis hin zu allerlei Bastelmaterialien und hübschen Postkarten.

Armazéns do Chiado (Chiado, Tour 6, S. 29)
Rua do Carmo 2, Tel. 213 21 06 00, www.armazensdochiado.com
1894 eröffneten die Grandes Armazéns do Chiado, ein Kaufhaus im Pariser Stil, das einen kosmopolitischen Einkaufsgenuss nach Lissabon brachte. Nach dem großen Brand 1988 wurde das Gebäude als Einkaufszentrum wieder aufgebaut. Heute gibt es hier 54 Geschäfte, darunter auch das große Elektro-, Multimedia- und Buchgeschäft FNAC und den Sportladen Sportzone. Außerdem laden 12 Restaurants zum Essen ein.

A Vida Portuguesa (Chiado, Tour 6, S. 29)
Rua Anchieta 11, Tel. 213 46 50 73, www.avidaportuguesa.com
Für alle Retrofans ist dieser Laden ein Muss! Beim Blick in die Regale fühlt man sich in die gute alte Zeit zurückversetzt: Seifen, Olivenöl, Putzmittel und Spielzeug alter Traditionsmarken in historischen Originalverpackungen verbreiten Nostalgie. Auch Bücher und schöne Postkarten werden verkauft. Untergebracht sind die Schätze in den Vitrinen einer ehemaligen Parfümfabrik.

Bertrand (Chiado, Tour 6, S. 28)
Rua Garrett 73–75, Tel. 213 47 61 22, www.bertrand.pt
Die Buchhandlung Bertrand existiert schon seit 1773 und ist somit der älteste Buchladen Portugals, laut Guinness-Buch der Rekorde sogar der ganzen Welt. Im ganzen Land gibt es Filialen der Buchhandlungskette, doch das Lissaboner Geschäft ist mit Abstand das schönste: fünf thematische Säle mit hohen Holzregalen und einer altehrwürdigen Atmosphäre.

Brio Supermercado Biológico (Chiado)
Travessa do Carmo 1, Tel. 213 42 73 24, www.brio.pt
Portugiesische Supermärkte haben (noch) sehr wenige Produkte aus biologischem Anbau im Sortiment. Doch seit 2008 gibt es in Lissabon vier Filialen des Bio-Supermarktes Brio. Eine davon befindet sich im Herzen des Chiados. Das Geschäft bietet eine große Auswahl an biologisch angebautem Obst und Gemüse, Bio-Lebensmitteln sowie nachhaltigen Kosmetika und Reinigungsmitteln. Wider Erwarten sind die Preise nicht so viel höher als im herkömmlichen Supermarkt.

Centro Comercial Colombo (Benfica, Tour 21, S. 90)
Avenida Lusíada, Tel. 217 11 36 00, www.colombo.pt
1997 eröffnete mit dem »Colombo« das nach Verkaufsfläche größte Einkaufszentrum der iberischen Halbinsel. Inzwischen hat ihm das Dolce Vita Tejo den Rang abgelaufen, doch mit

404 Läden ist es noch immer das Shoppingcenter mit den meisten Einzelgeschäften. Dazu gibt es Kinos, ein Freizeitzentrum, ein Fitnessstudio und natürlich eine Restaurantmeile.

Chapelarias Azevedo (Rossio)
Praça D. Pedro IV 73, Tel. 213 42 75 11
Der stilvolle Hutladen existiert bereits seit 1886 und schneidert sogar noch Hüte nach Maß. Vom Zylinder bis zur Baskenmütze oder einem eleganten Hochzeitshut für die Dame ist hier alles zu finden. Darüber hinaus gibt es Handschuhe, Spazierstöcke, Hosenträger und Gürtel.

Conserveira de Lisboa (Baixa, Tour 6, S. 30)
Rua Bacalhoeiros 34, Tel. 218 87 10 58, www.conserveira delisboa.pt
Nüchterne braune Holzregale, eine schlichte Ladentheke und ansonsten nichts als Konserven der portugiesischen Traditionsmarken Tricana, Minor und Prata do Mar. Hier findet man, unterschiedlich angemacht, Anchovis, Tunfisch, Sardinen, Muscheln und Tintenfisch in der Dose. Das Familienunternehmen wurde in den 1930er-Jahren gegründet, die heutige Einrichtung des Ladens und die Verpackungen der Produkte sind noch ganz in diesem Stil gehalten.

El Corte Inglés (São Sebastião, Tour 20, S. 86)
Avenida António Augusto de Aguiar 31, www.elcorteingles.pt
Das größte Kaufhaus der Iberischen Halbinsel: Auf 13 Etagen lässt sich einfach alles finden. Zur Auswahl steht hochwertige Qualitätsware. Es gibt edle Bekleidungsmarken, aber auch Abteilungen für Haushaltsgeräte, Bücher, Sport oder Lebensmittel. Sehr beeindruckend: die Gourmetabteilung.

Erva Loira (Castelo, Tour 3, S. 18)
Largo Santa Cruz do Castelo 3, Tel. 211 92 03 05
Die junge Designerin Marta verkauft selbstgeschneiderte Kleidung aus farbenfrohen Stoffen. Es gibt auch Hüte, Taschen und Schmuck. Ihr kleines Geschäft befindet sich innerhalb der Burgmauern des Castelo São Jorge.

Espaço Docas (Alcântara, Tour 25, S. 105)
Docas de Santo Amaro, Armazén 10, Tel. 932 77 03 21, espacodocas.blogspot.pt
Inmitten der Restaurants, Bars und Clubs der »Docas« befindet sich dieser gut sortierte Souvenir- und Kunsthandwerksladen. Es gibt aber auch regelmäßige Kunstausstellungen und andere Kulturveranstaltungen.

Filípe Faisca (São Bento, Tour 14, S. 60)
Calçada do Combro 99, Tel. 213 42 06 99, www.filipe faisca.com
Filípe Faisca gehört zu den bekanntesten portugiesischen Modedesignern. Er kreiert elegante Damen- und Herrenmode im schlicht-klassischen Stil.

Lisbon Shop/Patio Galé (Baixa, Tour 5, S. 25)
Rua do Arsenal 15, www.visitlisboa.com

Im westlichen Seitenflügel der historischen Gebäude an der Praça do Comércio findet man den geschmackvollsten Andenkenladen der Stadt: Es gibt schöne Korktaschen und T-Shirts, Fado-CDs, Azulejos und regionaltypische Lebensmittel wie Konserven oder Flor de Sal. Das Geschäft ist an das Lisbon Welcome Center der Tourismusbehörde angeschlossen.

LX Market (Alcântara, Tour 25, S. 106)
In der LX Factory, Rua Rodrigues de Faria 103, www.lxmarket.com.pt, So 11–18 Uhr

Auf dem Gelände der LX Factory findet jeden Sonntag ein großer Second-Hand-Markt statt. Neben Kleidung werden auch Bücher, Schmuck und Antiquitäten angeboten, oftmals ist die Auswahl sehr ausgefallen und in sehr guter Qualität.

Mercado Biológico (Príncipe Real, Tour 17, S. 73)
Jardim do Príncipe Real, Sa 8–14 Uhr

Jeden Samstagvormittag findet seit neun Jahren an der nördlichen Seite des hübschen Parks Príncipe Real ein kleiner Biomarkt statt: Es gibt frisches Obst und Gemüse aus biologischem Anbau von Bauern aus der Umgebung, eingelegte Oliven und köstliches Brot aus einer Biobäckerei. An vielen Ständen verkaufen die Produzenten selbst.

Chapitô (Castelo, Tour 4, S. 22)
Costa do Castelo 1/7, Tel. 218 86 73 34, www.chapito.org
Das Kulturprojekt bietet ein buntes Kulturprogramm von Theater- über Zirkusvorführungen bis zu Livekonzerten. Auf der Bühne und in der Manege stehen die Studenten der Theater- und Zirkusschule. Im Restaurant Restô kann man bei herrlichem Blick auf die Baixa gepflegt essen (OO). Um 23 Uhr öffnet im Untergeschoss die Kneipe Bartô, oft gibt es Livemusik.

Clube Ferroviario (Santa Apolónia)
Rua de Santa Apolónia 59, Tel. 218 15 31 96, www.clube ferroviarioblog.com, Mo–Mi 17–2, Di–Fr 16–4, Sa 12–4, So 12–24 Uhr, bei Konzerten oft Eintritt, ansonsten frei
Im ehemaligen Eisenbahnerheim direkt neben dem Santa-Apolónia-Bahnhof bietet der Club ein sehr abwechslungsrei-

ches Kulturprogramm: vom Open-Air-Kino auf der Dachterrasse über Tangokurse und Ausstellungen bis hin zu Konzerten und DJ-Sessions in der »Sala TGV« im 1. Stock. Die Musik ist eher alternativ, die Preise an der Bar fast wie in der Kneipe ums Eck und es gibt keine Türsteherprobleme.

Dragão de Alfama (Alfama, Tour 1, S. 10)
Rua Guilherme Braga 8, Tel. 218 86 77 37, Fado Do–Sa ab ca. 21.30–2.30 Uhr
Die kleine blau-weiß gekachelte Taverne ist am Wochenende prall gefüllt mit Gästen aus der Nachbarschaft. Sie alle lauschen den wehmütigen Klängen des Fados, der hier auf einem sehr hohen Amateurniveau gesungen wird. Schon der ein oder andere Fadostar wurde hier entdeckt, so auch die ehemalige Madredeus-Sängerin Teresa Salgueiro. Zum Essen gibt es leckeren Arroz de Marisco (Meeresfrüchtereis).

Enoteca Chafariz do Vinho (Praça da Alegria)
Rua da Mãe d'Água à Praça da Alegria, Tel. 213 42 20 79, www.chafarizdovinho.com, Di–So 18–2 Uhr
In die Gewölbe des Brunnens Chafariz da Mãe d'Água aus dem 19. Jh. ist diese einzigartige Weinstube eingezogen. Wo früher das Wasser durch den Tunnel floss, ist jetzt das Weinlager mit langen Regalen untergebracht. Die Tische verteilen sich über mehrere Ebenen mit Galerien.

Havana (Alcântara, Tour 25, s. S. 105)
Docas de Santo Amaro, Armazém 5, Tel. 213 97 98 93, http://barhavana.pai.pt , tgl. 12–4 Uhr

Heiße Latino-Rhythmen, exotische Cocktails und ein karibisches Ambiente: Das Havana in den Docas de Santo Amaro ist die erste Adresse für eine feurige Salsa- oder Merengue-Nacht. Es gibt Kurse, um die kubanischen Tänze zu lernen.

Lux-Frágil (Santa Apolónia)
Avenida Infante Dom Henrique, Armazém A, Cais da Pedra, Tel. 218 82 08 90, www.luxfragil.com, Di–Sa 22–6 Uhr, Mindestverzehr bzw. Eintritt meistens 15 €

Der bekannteste Club Lissabons ist einst als Ableger des Frágil aus dem Bairro Alto entstanden. Die besten DJs Europas geben sich die Klinke in die Hand und legen elektronische Musik und Drum'n Bass auf. Die Bar im 1. Stock punktet mit einer grandiosen Aussicht.

Maria Caxuxa (Bairro Alto, Tour 12, S. 53)
Rua Barroca 6–12, Tel. 965 03 90 94, Mo–Do 19–2, Fr–So 19–3 Uhr

Die Einrichtung scheint von anno dazumal: Oma-Bilder hängen an den Wänden, gemütliche Sofas stehen neben alten Geräten der Bäckerei, die sich früher hier befunden hat. Auch der Steinofen ist noch zu sehen. Am Abend legen DJs elektronische Musik auf.

Musicbox Lisboa (Cais do Sodré)
Rua Nova do Carvalho 24, Tel. 213 47 31 88, www.musicbox lisboa.com, Mi–Sa ab 22 Uhr, Eintritt ab 6 €

In einem Gewölberaum unter dem Brückenbogen der Rua do Alecrím bietet die Location ein einmaliges Ambiente. Im Gegensatz zu den massentauglichen Tanzlokalen am Cais do Sodré ist die Musicbox eher für hochwertige Konzerte bekannt. Manchmal spielen Newcomer der einheimischen Szene, manchmal berühmte Bands, die ein kleines Lokal bevorzugen.

Ondajazz (Alfama, Tour 1, S. 9)
Arco de Jesús 7, Tel. 218 88 32 42, www.ondajazz.com,
Di–Do 20–2, Fr–Sa 20–3 Uhr; Eintritt je nach Veranstaltung

In dem angesagten Jazzclub in einem ehemaligen Kaffeelagerhaus gibt es donnerstags, freitags und samstags ab 23 Uhr Livekonzerte, teilweise auch mit international bekannten Jazzmusikern. Dienstags findet eine Jamsession statt, am Mittwoch gibt es eine offene Bühne für ambitionierte Hobbymusiker.

Urban Beach (Santos)
Rua da Cintura, Cais da Viscondessa, Tel. 961 31 27 46,
www.grupo-k.pt

Zum Sonnenuntergang einen Cocktail auf der Terrasse schlürfen, dann gepflegt Sushi essen und anschließend den Rest der Nacht abtanzen – der auf einen Flusskai gebaute Club ist einer der angesagtesten Tanzschuppen der Stadt.

Frühling

März: Lissabonner Halbmarathon – die Besonderheit an diesem beliebten Lauf ist die Strecke. Sie führt über die Tejo-Brücke Ponte 25 de Abril. Wo sonst die Autos rasen, laufen an diesem Tag inzwischen fast 40 000 Athleten (www.meiamaratonadelisboa.com).

April: 25. April – am Tag der Nelkenrevolution von 1974 gibt es morgens traditionell eine Militärparade vor dem Hieronymuskloster in Belém. Am Nachmittag zieht das Volk ab 15 Uhr mit Nelken in den Händen und rote Fahnen schwenkend vom Platz Marquês de Pombal zum Rossio.

Mai: Procissão da Nossa Senhora da Saúde – Prozession Unserer lieben Frau der Gesundheit durch die Mouraria, zum Gedenken an das Ende der Pest 1580.

Mai/Juni: Rock in Rio – im Park von Belavista findet alle zwei Jahre (gerade Jahreszahlen) an mehreren Wochenenden ein riesiges Rockfestival statt. Hier treten die ganz großen Namen wie Metallica, Bruce Springsteen und Stevie Wonder auf (www.rockinriolisboa.sapo.pt)

Sommer

Juni: Santos populares – im Monat Juni finden zu Ehren der Volksheiligen die »Festas de Lisboa« statt. Vor allem rund um den 13. Juni (Hl. Antonius), 24. Juni (Hl. Johannes) und 29. Juni (St.

Peter) häufen sich die Volksfeste (port. *arraiais*) in den historischen Stadtvierteln und überall duftet es nach gegrillten Sardinen. Höhepunkt sind die Volksmärsche (port. *marchas populares*) am Vorabend des 13. Juni, bei denen Tanz- und Musikgruppen in Kostümen durch die Straßen ziehen.

August: Jazz em Agosto – im Amphitheater des Gulbenkian-Gartens finden an den Augustwochenenden Jazzkonzerte herausragender Künstler statt (www.musica.gulbenkian.pt/jazz).

Mai–September: Outjazz – jeden Sonntag im Sommer gibt es ab 17 Uhr Livekonzerte mit Picknick. Die Location wechselt monatlich von einem lauschigen Park zum nächsten. Besonders schön: am Torre de Belém, in der Tapada das Necessidades und im Jardim da Estrela (www.facebook.comoutjazz).

Herbst

Oktober: Doclisboa – eines von mehreren Filmfestivals in Lissabon, das alljährlich fast 40 000 Besucher anzieht. In verschiedenen Kinosälen (u.a. Cinema São Jorge, Culturgest) werden intern. Dokumentarfilme vorgestellt (www.doclisboa.org).

Winter

Dezember: Lissabon-Marathon – die 42 km lange Strecke beginnt in Belém und führt entlang dem Tejo und durch die Stadt, bevor die Athleten wieder im Estadio 1º de Maio in Belém einlaufen.

Apotheken

Farmácias erkennt man am grün leuchtenden Kreuz (9 bis 19 Uhr geöffnet).

Botschaften

▎ **Deutschland:** Campo dos Mártires da Pátria 38, 1169-043 Lisboa, Tel. 218 81 02 10, www.lissabon.diplo.de

▎ **Österreich:** Avenida Infante Santo 43, 4. Stock, 1399-046 Lisboa, Tel. 213 94 39 00, lissabon-ob@bmaa.gv.at

▎ **Schweiz:** Travessa do Jardim 17, 1350-185 Lisboa, Tel. 213 94 40 90, www.eda.admin.ch/lisbon

Feiertage

1.1. Neujahr *(Ano Novo)*; Karfreitag *(Sexta-Feira Santa)*; Ostersonntag *(Páscoa)*; 25.4. Tag der Nelkenrevolution *(Dia da Liberdade)*; 1.5. Tag der Arbeit *(Dia do Trabalhador)*; 10.6. Nationalfeiertag/Todestag des Dichters Luís de Camões *(Dia de Portugal)*; 13.6. Fest des Schutzpatrons Lissabons *(Dia de Santo António)*; 15.8. Mariä Himmelfahrt *(Assunção de Nossa Senhora)*; 8.12. Mariä Empfängnis *(Imaculada Conceição)*; 25.12. Weihnachten *(Natal)*

Anmerkung: Aus Krisengründen sind ab 2013 folgende Feiertage ausgesetzt: Fronleichnam *(Corpo de Deus)*, 5.10. Tag der Republik *(Dia da República)*, 1.11. *(Todos-os-Santos*, Allerheiligen), 1.12 Befreiung von der spanischen Fremdherrschaft 1640 *(Dia da Restauração)*

Geld

In Portugal gilt der Euro. Man bekommt mit EC- oder Kreditkarten Bargeld an den Geldautomaten *(Multibanco)*, die am blauen Zeichen MB zu erkennen sind. Banken öffnen Mo–Fr 8.30–15 Uhr.

Informationen

Lisbon Welcome Center
Praça do Comércio, Tel.
210 31 28 10, tgl. 9–20 Uhr

Turismo de Lisboa
Rua do Arsenal 15, tgl.
9.30–19.30 Uhr

Weitere Infokioske auf der Rua Augusta, Praça da Figueira, im Palácio Foz, in Belém und am Flughafen.

Notruf
Tel. 112

Polizei
PSP (Policía de Segurança Pública): Esquadra de Turismo, Palácio Foz, Praça dos Restauradores, Tel. 213 42 16 34, lsbetur@psp.pt

Sicherheit
Vor allem im Gedränge der Straßenbahn E28 ist Vorsicht vor Taschendieben geboten. Auch am Abend im Bairro Alto sollte man auf seine Wertsachen aufpassen. Intendente ist nicht für nächtliche Spaziergänge zu empfehlen.

Telefon
Festnetznummern beginnen mit einer 2, Handynummern mit 9. Es gibt noch ein paar Münztelefone in der Stadt.

Vorwahlen: Portugal 00 351, Deutschland 00 49, Österreich 00 43, Schweiz 00 41

Toiletten
Öffentliche Toiletten findet man auf einigen Plätzen, in Tiefgaragen, Metrostationen und Bahnhöfen (S für Frauen, H für Männer).

Websites

www.visitlisboa.com ausführliche Touristeninfos

www.agendalx.pt Kulturprogramm

pt.yeaaaah.com Konzerte

lisboa.lecool.com Veranstaltungen

www.meteo.pt Wetter

Anreise per Flugzeug

Lufthansa, TAP, Germanwings und Easyjet fliegen von deutschen Flughäfen direkt nach Lissabon, Air Berlin über Palma de Mallorca. Der Flughafen Portela liegt nahe an der Stadt, deshalb ist der Landeanflug sehr sehenswert. Vom Flughafen fährt die Metro (rote Linie) ins Zentrum, außerdem verkehren Flughafenbusse *(aerobus)* zum Rossio, Cais do Sodré, Busbahnhof Sete Rios und zur Expo. Das Ticket (3,50 €) gilt auch für Metro, Busse und Straßenbahnen. Auch die Buslinien 22 und 745 fahren in die Stadt (Marqués de Pombal bzw. Rossio/Cais do Sodré). Taxis ins Zentrum kosten 10–15 € zzgl. Gepäckzuschlag.

Unterwegs in Lissabon

■ **Tickets:** Am günstigsten für die Benutzung von Metro, Bussen, Straßenbahnen, Aufzügen, Fähren und CP-Zügen ist der Erwerb einer wiederaufladbaren grünen Viva-Viagem-Karte (0,50 € an Schaltern oder Automaten). Auf diese Chipkarte können Einzelfahrten (1,25 €), Tageskarten (5 € für 24 Std.) oder ein bestimmter Betrag geladen werden, der dann abgefahren wird *(Zapping)*.

Metro

■ **Metro:** Die vier U-Bahnlinien werden nach Farben unterschieden: Blau, Grün, Gelb und Rot. Betriebszeiten 6.30–1 Uhr, in der Regel 10-Minuten-Takt (www.metrolisboa.pt).

Busse und Straßenbahnen

www.carris.pt
■ **Busse:** Es gibt ein dichtes Netz an Buslinien, außerdem fahren von 0.30–5.30 Uhr halbstündlich Nachtbusse *(rede da madrugada)*.
■ **Straßenbahnen:** Ein Erlebnis ist eine Fahrt mit der

Eléctrico 28, die hinauf und hinab durch die historischen Stadtviertel tuckert. Auch die E12 und E25 sind historische Linien. Die E15 nach Belém und die E18 nach Ajuda fahren in der Regel mit modernen Wagen.

Standseilbahnen, Aufzüge

Drei Standseilbahnen (Bica, Glória und Lavra, Einzelfahrt 3,50 €) sowie ein Aufzug (Elevador Santa Justa, 5 €) verbinden die niedrigen Stadtviertel mit den Hügeln.

CP

Die Vorortzüge der Comboios de Portugal (CP) fahren vom Cais do Sodré nach Cascais und vom Rossio-Bahnhof nach Sintra. Überregionale Züge starten ab Santa Apolónia und Oriente (www.cp.pt).

Fähren

Transtejo-Fähren verbinden den Cais do Sodré mit Cacilhas, Belém mit Trafaria und die Praça do Comércio mit Montijo (www.transtejo.pt).

Stadtrundfahrten

Carristur bietet verschiedene Hop-on-Hop-off-Touren in gelben Doppelstockbussen und roten historischen Straßenbahnen an (ab 15 €, www.yellowbustours.com).

Taxis

Pro Kilometer werden ca. 0,50 € berechnet. Die Grundgebühr kostet 2 €, Gepäck 1,60 € extra, auch nachts und Sa/So erhöht sich der Preis. Man findet Taxis an Taxiständen *(praça de taxi)* oder ruft sie per Handzeichen. Telefonische Bestellung (0,80 €): Teletaxis Tel. 218 11 11 00, Rádio Taxis Tel. 218 11 90 00.

Fahrräder

Infos zu Fahrradwegen und -verleihen unter lisboaciclavel.cm-lisboa.pt.

Register

Arte da Terra, Kunsthandwerk 14, 138
A Brasileira, Café 28, 49
A Ginginha 33
A Tendinha, Wein und Likör 33
A Tentadora, Kaffeehaus 101
A Vida Portuguesa 29, 139
Alcântara Café, Restaurant 106, 133
Alfaia, Restaurant 54
Amo.te Tejo, Restaurant 113, 133
Anreise per Flugzeug 152
Apotheken 150
Aqueduto das Águas Livres 78
Archäologisches Museum 109
Arco de Jesús 9
Armazéns do Chiado, Einkaufszentrum 29, 139
Ascensor do Lavra 38
Associação Loucos e Sonhadores, Weinlokal 54

Bairro Alto Hotel 128
Basílica da Estrela 62
Bertrand, Buchhandlung 28, 140
Biblioteca de Arte 85
Biblioteca Municpal Central 94
Biblioteca Nacional 97
Bica Abaixo, Bar 58
Bicaense Café 58
Botschaften 150

Café Nicola, Kaffeehaus 34
Café República 61
Café Tati 56
Cais do Sodré 64
Calatrava, Santiago 120
Câmara Municipal, Rathaus 25
Caminho da Roda, Restaurant 18
Campo de Santa Clara 45
Campo Grande 96
Cantinho da Vila, Restaurant 133
Cantinho do Aziz, Restaurant 22, 133

Casa Brasileira, Bar 26
Casa das Varandas 9
Casa de Goa 70
Casa de Hóspedes Lavra Guest House 129
Casa do Alentejo, Restaurant 38, 134
Casa do Leão, Restaurant 17
Casa dos Bicos 9
Casa Fernando Pessoa 101
Casino de Lisboa 121
Castelo de São Jorge 17
Catacumbas Jazz Club 54
Cemitério dos Prazeres 102
Centro Comercial Colombo 90, 140
Centro Comercial da Mouraria 21
Centro Comercial das Amoreiras 78
Centro Cultural de Belém 114
Centro de Arte Moderna 86
Cervejaria Coral, Restaurant 90
Cervejaria Ribadouro, Restaurant 81, 134
Cervejaria Trindade, Restaurant 49
Chapitô, Kulturinitiative 22, 144
Cidade Universitária 97
Cine Teatro Tivoli 82
Cinema São Jorge 81
Clube de Fado, Fadolokal 9
Coelho da Rocha, Restaurant 101, 135
Colecção Berardo 114
Coliseu dos Recreios 38
Confeitaria dos Pastéis de Belém, Kaffeehaus 108
Confeitaria Nacional, Kaffeehaus 30
Conserveira de Lisboa, Fischkonserven 30, 141
Convento das Bernardas 66
Convento do Carmo 49
Culturgest, Kulturstiftung 93

Doca do Bom Sucesso 110
Docas de Santo Amaro 105
Dragão da Alfama, Fadolokal 10, 145

El Corte Inglés 86, 142
Elevador da Bica 57
Elevador da Boca do Vento 125
Elevador da Glória 54, 72
Elevador de Santa Justa 26
Eleven, Restaurant 82, 135
Enoteca Chafariz do Vinho 145
Ermida de N. S. da Saúde 20
Ermida de São Gens 42
Espaço Açores, Spezialitäten der Azoren 30
Espaço Docas, Souvenirs 12, 105
Estação de Santos 66
Estação do Cais do Sodré 64
Estação do Rossio 34
Estação Marítima de Alcântara 104
Estação Santa Apolónia 44
Estádio da Luz 90
Estádio de Alvalade 98
Estado-Novo-Architektur 97
Estufa Fria 82
Estufa Real, Restaurant 117, 135
EXPO-Gelände 120

Fado 8, 21, 61
Fado Maior, Fadolokal 9
Fähren 153
Fahrräder 153
Feiertage 150
Feira da Ladra, Flohmarkt 45
Fragata Dom Fernando II e Glória 124
Frágil, Club 54

Galeria Palácio Galveias 94
Galeria Zé dos Bois 53
Gare do Oriente 120
Geld 150
Goethe-Institut 37

Gulbenkian, Calouste 84
Gulbenkian-Stiftung 84

Hard Rock Café Lisbon 81
Havana, Club 105, 146
Hieronymus Bosch 69
Hundertwasser, Friedensreich 121

Igreja da Conceição Velha 12
Igreja da Graça 41
Igreja da Madalena 13
Igreja da Pena 37
Igreja de Nossa Senhora do Rosário 90
Igreja de Santa Engrácia 45
Igreja de Santa Luzia 14
Igreja de Santiago 16
Igreja de Santo António 13
Igreja de Santo Condestável 102
Igreja de Santo Estêvão 10
Igreja de São Cristovão 22
Igreja de São Domingos 33
Igreja de São Domingos de Benfica 89
Igreja de São João de Deus 93
Igreja de São Mamede 74
Igreja de São Miguel 9
Igreja de São Nicolau 26
Igreja de São Roque 48
Igreja de São Vicente de Fora 46
Igreja e Convento de São Paulo 126
Igreja Santos-o-Velho 68
Inspira Santa Marta, Hotel 129
Instinctus, Weinlokal 18

Jardim Amália Rodrigues 82
Jardim Botânico 74
Jardim Botânico da Ajuda 116
Jardim da Água 122
Jardim da Estrela 62
Jardim das Amoreiras 77
Jardim de Belém 114
Jardim do Campo Grande 96
Jardim do Príncipe Real 73

Register

Jardim do Torel 38
Jardim Garcia de Orta 122
Jardim Gulbenkian 85
Jardim Teófilo Braga 101
Jardim Zoológico 90
Jazz em Agosto, Festival 149

Kathedrale (Sé) 12
Kirschlikör 21, 33

Lapa Palace, Hotel 70, 129
Letra Livre, Buchhandlung 60
Lisbon Lounge Hostel 130
Lisbon Shop, Souvenirs 25, 143
Lisbon Welcome Center,
   Touristinformation 25, 151
Lost In, Restaurant 136
Luvaria Ulisses, Handschuhe 29
Lux-Frágil, Club 146
LX Factory, Freizeit- und
   Geschäftszentrum 106
LX Inn, Café 61
LX Market, Second-Hand-Markt
   106, 143

Mãe de Água das Amoreiras 77
Manuelinik 109, 110
Mardel, Carlos 76
Marinemuseum 109
Marionettenmuseum 66
Meninos do Rio, Club 66
Mercado Campo de Ourique,
   Markthalle 101
Mercado da Ribeira, Markthalle 65
Mercado de Arroios, Markthalle 92
Mercado de Benfica, Markthalle 89
Metro 152
Miradouro da Graça 41
Miradouro das Portas do Sol 18
Miradouro de Nossa Senhora do
   Monte 41
Miradouro de Santa Catarina 57

Miradouro de São Pedro de
   Alcântara 54, 72
Miradouro de Santa Luzia 14
Monsanto, Stadtwald 89
Mosteiro de São Vicente de Fora
   10, 46
Mosteiro dos Jerónimos 109
Mundial, Hotel 130
Mundo Sporting 98
Museu Arqueológico do Carmo 49
Museu Bordalo Pinheiro 98
Museu Calouste Gulbenkian 85
Museu Carris 106
Museu da Cidade 98
Museu da Electricidade 112
Museu da Farmácia 57
Museu da Presidência da
   República 113
Museu do Chiado 50
Museu do Design e da Moda
   (MUDE) 25
Museu do Teatro Romano 14
Museu Macau 105
Museu Militar 44
Museu Nacional de Arte Antiga 68
Museu Nacional de Historia
   Natural e da Ciência 74
Museu Nacional dos Coches 113
Museum für sakrale Kunst 48
Musicbox Lisboa, Club 147
Myriad, Hotel 131

Noobai Café, Restaurant 57
Notruf 151
Núcleo Archeológico da Rua dos
   Correeiros 25

Oceanário 121
Ondajazz, Jazzclub 9, 147
Os amigos da Severa, Fadolokal 21
Outjazz, Festival 149

Padaria São Roque, Bäckerei 73
Padrão dos Descobrimentos 110

Palácio Belmonte, Hotel 18
Palácio Ceia 74
Palácio da Rosa 21
Palácio das Necessidades 70
Palácio de Belém 113
Palácio de São Bento 61
Palácio dos Marquéses de Fronteira 89
Palácio Foz 80
Palácio Nacional da Ajuda 117
Panteão Nacional 45
Parque das Nações 120
Parque Eduardo VII 82
Passeio das Tágides 122
Pastelaria Coisas Caseiras, Törtchen 118
Pastelaria Doce Estrela, Kaffeehaus 62
Pastelaria Suiça, Kaffeehaus 33
Pateo 13, Restaurant 10, 136
Pavilhão Atlântico 122
Pavilhão Carlos Lopes 82
Pavilhão Chines, Bar 54
Pavilhão do Conhecimento 121
Pensão Amor, Kulturclub 65
Pensão Praça da Figueira 131
Pessoa, Fernando 101
Polizei 151
Pollux, Haushaltswaren 30
Ponte 25 de Abril 105
Ponto Final, Restaurant 125, 137
Portas Largas, Bar 53
Praline, Pralinenatelier 61

Restaurante »1640« 69, 132
Restaurante Pharmacia 58
Rock in Rio, Festival 148
Rossio 32
Rubro, Restaurant 94

Salazar-Diktatur 13, 17, 93, 105
Samarago, José 9
Santini, Eisdiele 29
Santos populares, Stadtfeste 148

Santuário Nacional de Cristo Rei 126
Sicherheit 151
Siza Vieira, Álvaro 122
Solar do Vinho do Porto, Portwein-Institut 72
Stadtrundfahrten 153
Standseilbahnen 153
Straßenbahn E28 10
Straßenbahnen 152

Tabacaria Mónaco 34
Tagide, Restaurant 50, 137
Tal von Alcântara 78, 102
Tapada das Necessidades 70
Tasca do Alfredo, Bar 10
Tasca do Chico, Fadolokal 53
Taveira, Tomás 78, 98
Taxis 153
Teatro Camões 122
Teatro da Trindade 49
Teatro Municipal de São Luiz 50
Teatro Nacional de São Carlos 50
Teatro Nacional Dona Maria II 32
Teatro Politeama 38
Telefon 151
Terraço BA, Bar 58
Toiletten 151
Toma-lá-dá-cá, Restaurant 58, 137
Torre de Belém 110
Torre de Ulisses 17
Torre do Galo 118
Torre Vasco da Gama 122
Travessa, Restaurant 66

Universität 97
Urban Beach, Club 147

Vasco da Gama, Einkaufszentrum 121
Vila Berta 41
Vila Sousa 40
Vini Portugal, Wein 24
Verkehrsmittel 152

York House, Hotel 68, 131

Die Autorin

Sara Lier

verbrachte während ihres Geografiestudiums ein Erasmus-Semester in Lissabon und verliebte sich in diese Stadt. Heute lebt sie in Lissabon und arbeitet als Studienreiseleiterin für ein deutsches Reiseunternehmen in Portugal und Kuba. Darüber hinaus schreibt sie als freie Autorin zum Thema Portugal.

Impressum

Herausgeber: GVG TRAVEL MEDIA GmbH
Redaktionsleitung: Grit Müller
Autorin: Sara Lier
Lektorat: Henriette Volz
Bildredaktion: Ulrich Reißer
Layout: Polyglott Chaos Productions, München
Umschlaggestaltung: 4S_art direction, Svea Stoss, Köln, und Carmen Marchwinski, München
Satz: Schulz Bild & Text, Mainz
Kartografie: Gecko-Publishing GmbH für Polyglott-Kartografie

1. Auflage
© 2013 GVG TRAVEL MEDIA GmbH, Hamburg
Manufactured in China by Macmillan Production (Asia) Ltd.
ISBN 978-3-8464-6200-3

Bildnachweis:

Alamy/A Eastland: 57-2; Alamy/Paul Bernhardt: 6-2, 129; Alamy/Peter Erik Forsberg: 36, 62-2, 65-1, 130; Alamy/Stuart Forster: 96; Alamy/Sergio Nogueira: 50; Alamy/Lusoimages - Palaces/Sofia Pereira: 118; Alamy/Stefano Politi Markovina: 49-2; Alamy/Peter Schickert: 102-1; Alamy/Richard Sowersby: 37; Alamy/Travel Pictures: 125-2; Alamy/Dudley Wood: 89-1; Anne Baumeister: 125-1; Ana Beato: 6-3, 38, 68, 69-2, 90-1, 90-2, 93, 98, 106, 112, 116, 117-1, 140, 143; Bildagentur Huber/Riccardo Spila: 57-1; Jutta Dickmännken: 53-1, 73-1, 73-2, 74, 76, 77, 81-1, 81-2; Fotolia/anasztazia: 61, 89-2; Fotolia/Martin Lehmann: 26; Fotolia/Carson Liu: 32; Fotolia/MF: 8; Fotolia/policas: 24; Fotolia/Frédéric Prochasson: 10-2; Fotolia/Ignatius Wooster: 60; iStockphoto/aam Photography Ltd.: 109; iStockphoto/Ana Amorim: 85-1; iStockphoto/Arpad Benedek: 48; iStockphoto/vera bogaerts: 105-1; iStockphoto/Giorgio Fochesato: 72; iStockphoto/Alexander Fortelny: 56; iStockphoto/fotovoyager: 110; iStockphoto/itchysan: 78; iStockphoto/Eduardo Leite: 17-1; iStockphoto/Kamil Zurek: 17-2; Pawel Kowalski: 22; laif/Toma Babovic: 10-1; laif/hemis.fr/Maurizio Borgese: 13-1, 41-1, 131, 147; laif/4SEE/Ana Brigida: 44; laif/4SEE/Luis Filipe Catarino: 6-4, 29-1, 29-2, 65-2, 66, 70, 114, 136-1, 139, 144, 146; laif/Hollandse Hoogte/Daniels: 141-2; laif/Melanie Dreysse: 136-2; laif/Polaris/Ferreira: 148; laif/Jean Gallagher: 149; laif/Tobias Gerber: 28, 33, 58, 145; laif/SZ Photo/Jose Giribas: 34-1, 49-1, 134, 141-1; laif/Miquel Gonzalez: 18, 34-2, 82, 85-2, 86, 108, 132, 135; laif/hemis.fr/Franck Guiziou: 20; laif/Malte Jaeger: 41-2, 126; laif/Keystone Schweiz: 138; laif/Invision/Joao Pedro Marnoto: 30, 54-2; laif/Jörg Modrow: 14; laif/4SEE/Wong/Pereira: 128; laif/Hoa-Qui/Putnam: 105-2; laif/hemis.fr/Jean-Baptiste Rabouan: 46; laif/hemis.fr/Stefano Torrione: 25; LOOK-foto/Holger Leue: 54-1; LOOK-foto/SagaPhoto: 53-2, 101; LOOK-foto/TerraVista: 117-2; LOOK-foto/Thomas Peter Widmann: 102-2; Mauritius images/Alamy: 6-1, 122; Pixelio/Bildpixel: 62-1, 121; Pixelio/Peter Freitag: 120; Pixelio/irisch: 113; Pixelio/tokamuwi: 9, 94; Thelisbonconnection: 21; Zoltan Urbancsek: 42, 45-1, 45-2; WebGallery of Art: 69-1; Wikipedia/Joao Carvalho: 97; Ernst Wrba: 13-2, 64, 80.

www.polyglott.de

Alle Informationen stammen aus zuverlässigen Quellen und wurden sorgfältig geprüft. Für ihre Vollständigkeit und Richtigkeit können wir jedoch keine Haftung übernehmen. Ergänzende Anregungen bitten wir zu richten an:
GVG TRAVEL MEDIA GmbH
Redaktion Polyglott, Harvestehuder Weg 41,
D-20149 Hamburg, E-Mail: redaktion@polyglott.de

POLYGLOTT

Portugal
on tour entdecken

Der Klassiker unter den Kompakt-Reiseführern mit der einzigartigen flipmap. POLYGLOTT on tour ersetzt spielend jeden Reiseleiter und führt mit ausgewählten Routen zu den wichtigsten Sehenswürdigkeiten dieses Landes. Dazu lassen die Echtgut!- und Top-12-Tipps den Reisenden landestypisches Flair schnuppern.

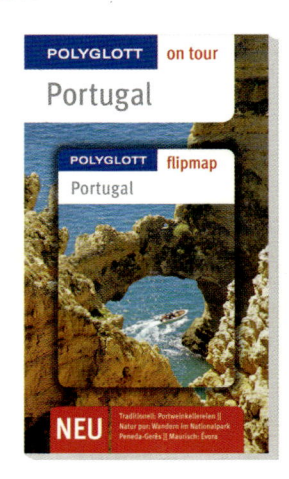